国家职业技能鉴定
考前冲刺与真题详解

保育员

（初级）

主　编　王学玲

副主编　闫其康　张颖新

编　者　闫　石

审　稿　徐连芳　齐　成

中国劳动社会保障出版社

图书在版编目(CIP)数据

保育员：初级/人力资源和社会保障部教材办公室组织编写. —北京：中国劳动社会保障出版社，2015

国家职业技能鉴定考前冲刺与真题详解

ISBN 978-7-5167-1991-6

Ⅰ.①保… Ⅱ.①人… Ⅲ.①幼教人员-职业技能-鉴定-题解 Ⅳ.①G615-44

中国版本图书馆 CIP 数据核字(2015)第 203908 号

中国劳动社会保障出版社出版发行

（北京市惠新东街1号　邮政编码：100029）

*

三河市华骏印务包装有限公司印刷装订　新华书店经销
787 毫米×1092 毫米　16 开本　10.5 印张　190 千字
2015 年 9 月第 1 版　2023 年 6 月第 6 次印刷
定价：20.00 元
营销中心电话：400－606－6496
出版社网址：http://www.class.com.cn

版权专有　　侵权必究

如有印装差错，请与本社联系调换：（010）81211666
我社将与版权执法机关配合，大力打击盗印、销售和使用盗版图书活动，敬请广大读者协助举报，经查实将给予举报者奖励。
举报电话：（010）64954652

编写说明

对劳动者实行职业技能鉴定，推行国家职业资格证书制度，是促进劳动力市场建设、实现素质就业的有效措施，对于全面提高劳动者素质和职工队伍创新能力具有重要作用。国家职业技能鉴定是一项科学、客观检验劳动者专业知识与技能水平的考试活动，其方式包括理论知识考试和操作技能考核。为了使参加职业技能鉴定的广大考生对国家职业技能鉴定内容和鉴定方式有一个全面的了解，更好地复习思考，顺利通过考试，人力资源和社会保障部教材办公室组织参与国家题库开发工作的命题专家，编写了《国家职业技能鉴定考前冲刺与真题详解》和《国家职业技能鉴定操作技能考核题库解析》。其中，《国家职业技能鉴定考前冲刺与真题详解》主要是理论知识考试的真题与解析；《国家职业技能鉴定操作技能考核题库解析》主要是操作技能考核的真题与解析。

《国家职业技能鉴定考前冲刺与真题详解》（以下简称《考前冲刺与真题详解》）是《国家职业资格培训教程》（以下简称《教程》）的配套辅助教材，初级、中级、高级《教程》分别对应配套编写一册《考前冲刺与真题详解》。《考前冲刺与真题详解》中的内容共包括以下四部分：

第一部分，理论知识考试试卷构成及题型介绍。此部分包括：理论知识考试试卷生成方式、理论知识考试题型介绍、理论知识考试答题要求、理论知识考试答题时间和理论知识考试命题思路。主要对考试的整体情况进行较为全面的介绍，从而便于考生更有针对性地进行学习和考试的复习。

第二部分，理论知识考试真题详解。此部分主要包括各级别的理论知识鉴定要素细目表和理论知识考试真题及其解析。其中鉴定要素细目表为国家题库中对该职业相应级别考核要求的介绍。理论知识考试真题中，将对出现的每道题目进行详细解析，并指出该考点在考核要点表中的相应位置。

第三部分，理论知识考试考前冲刺。此部分为模拟试卷，每套试卷均按考核要点表中分值分布进行组卷，除重点考题外，还加入了题库开发专家认为较为重要的新题

目，对后期鉴定有着较强的指导作用。

第四部分，理论知识速记卡片。此部分主要用于考试前对于知识点的快速记忆，以保证在考试过程中对相应知识点有更加深刻的印象，提高考试成绩。

《考前冲刺与真题详解》适用于组织开展社会化鉴定、职业院校鉴定、行业鉴定以及企业技能人才评价考前培训使用，也适用于准备参加鉴定考试的人员学习参考。

编写《考前冲刺与真题详解》有相当的难度，是一项探索性工作。书中不足之处在所难免，欢迎各使用单位和个人提出宝贵意见和建议。

目录

第一部分　理论知识考试试卷构成及题型介绍

理论知识考试试卷生成方式 …………………………………………………… 3
理论知识考试题型介绍 ………………………………………………………… 3
理论知识考试答题要求 ………………………………………………………… 3
理论知识考试答题时间 ………………………………………………………… 3
理论知识考试命题思路 ………………………………………………………… 4

第二部分　理论知识考试真题详解

初级保育员理论知识鉴定要素细目表 ………………………………………… 7
初级保育员理论知识考试真题详解 …………………………………………… 17

第三部分　理论知识考试考前冲刺

初级保育员理论知识考试模拟试卷（一） …………………………………… 105
初级保育员理论知识考试模拟试卷（二） …………………………………… 114
初级保育员理论知识考试模拟试卷（三） …………………………………… 123
初级保育员理论知识考试模拟试卷（四） …………………………………… 131
初级保育员理论知识考试模拟试卷参考答案（一） ………………………… 139
初级保育员理论知识考试模拟试卷参考答案（二） ………………………… 140
初级保育员理论知识考试模拟试卷参考答案（三） ………………………… 141
初级保育员理论知识考试模拟试卷参考答案（四） ………………………… 142

第四部分　理论知识速记卡片

理论知识速记卡片使用说明 …………………………………………………… 145

第一部分
理论知识考试试卷构成及题型介绍

理论知识考试试卷生成方式
理论知识考试题型介绍
理论知识考试答题要求
理论知识考试答题时间
理论知识考试命题思路

第一部分　理论知识考试试卷构成及题型介绍

理论知识考试试卷生成方式

理论知识考试试卷由国家题库采用计算机自动生成，即计算机按照本职业的理论知识鉴定要素细目表的结构特征，使用统一的组卷模型，从题库中随机抽取相应试题，组成试卷。

理论知识考试题型介绍

目前，本职业初级、中级、高级理论知识考试采用标准化试卷，每个级别考试试卷有"单项选择题""判断题"两大类题型：

1. 单项选择题为"四选一"单选题型，即每道题有四个选项，其中只有一个选项为正确选项，共80题，每题1分，共80分。

2. 判断题为正误判断题型，共20题，每题1分，共20分。

理论知识考试答题要求

1. 采用试卷答题时，作答判断题，应根据对试题的分析判断，在括号中画"√"或"×"；作答选择题，应按要求在试题前面的括号中，填写正确选项的字母。

2. 采用答题卡答题时，按要求直接在答题卡上选择相应的答案处涂色即可。

3. 采用计算机考试时，按要求点击选定的答案即可。

具体答题要求在考试前考评人员会做详细说明。

理论知识考试答题时间

按《国家职业技能标准》要求，本职业初级理论知识考试时间为 90 min，中级理论知识考试时间为 90 min，高级理论知识考试时间为 90 min。

理论知识考试命题思路

1. 注重基本概念

对于基本概念,考试形式主要为选择题,考题原则上围绕《国家职业资格培训教程》(以下简称《教程》)的基本概念。判断题对于基本概念的考核也有涉及。在考试时应根据《教程》的内容,把握住基本概念,客观地选择答案。

2. 以《教程》为基准,不照搬原文

考试题目紧紧围绕《教程》,但是不会将书上的原话转移为考题。对于自学考生,需要通过独立思考进行领会。对于培训机构的教师来说,应带领学员先掌握职业的操作流程,然后更深入地理解知识点,学会基本操作技能。

3. 选择答案清楚

鉴定考题选择题的四个备选答案尽可能有区别,凡是答案选项模棱两可的,或答案选项近似的,均是考题的陷阱,必须小心比较。

4. 各种难度考题搭配

容易考题:基本参照《教程》内容生成。

中等难度考题:与《教程》内容表现不同,意义相同;或者题目形式特殊。

较大难度考题:选择题答案为否定式、比较型、思考型。

三种难度类型考题比重见表1—1。

表1—1　　　　　　　　不同难度考题比重表

级别	初级	中级	高级
容易	50%	40%	30%
中等难度	40%	40%	40%
较大难度	10%	20%	30%

第二部分

理论知识考试真题详解

初级保育员理论知识鉴定要素细目表

初级保育员理论知识考试真题详解

初级保育员理论知识鉴定要素细目表

鉴定范围						鉴定点	
一级		二级		三级			
名称	鉴定比重(%)	名称	鉴定比重(%)	名称	鉴定比重(%)	序号	名称
基本要求	25	职业道德	5	职业道德基础知识	3	1	职业的概念
						2	职业的特征
						3	职业道德的概念
						4	保育员职业道德的概念
						5	保育员职业道德的作用
						6	保育员职业道德的基本要求
				职业守则	2	1	爱岗敬业，热爱幼儿的内容与要求
						2	为人师表，遵纪守法的内容与要求
						3	积极进取，开拓创新的内容与要求
						4	尊重家长，热情服务的内容与要求
						5	文明礼貌，团结协作的内容与要求
		基础知识	20	婴幼儿生理学知识	8	1	腕骨的保育
						2	脊柱的保育
						3	关节的特点
						4	声带的保育
						5	婴幼儿淋巴结的特点
						6	乳牙的生长
						7	乳牙的作用
						8	乳牙的保育
						9	唾液腺的特点
						10	婴幼儿胃的保育
						11	便秘的预防
						12	婴幼儿肝脏的特点

续表

鉴定范围						鉴定点	
一级		二级		三级		序号	名称
名称	鉴定比重(%)	名称	鉴定比重(%)	名称	鉴定比重(%)		
基本要求	25	基础知识	20	婴幼儿生理学知识	8	13	婴幼儿泌尿系统感染的预防
						14	婴幼儿皮肤的特点
						15	婴幼儿皮肤的保育
						16	婴幼儿神经系统的特点
						17	婴幼儿神经系统的保育
						18	婴幼儿视力的特点
						19	近视的预防
						20	婴幼儿耳的特点
						21	婴幼儿耳的保育
						22	吃手的预防
						23	幼儿遗尿的预防与矫治
						24	幼儿发育性口吃的原因
						25	发育性口吃的预防与矫治
						26	习惯性阴部摩擦的预防与矫治
						27	无意说谎的对策
						28	婴幼儿补钙的方法
						29	婴幼儿补铁的方法
						30	补充碘的方法
						31	补充维生素A的常识
						32	维生素B_1的来源
						33	维生素C的来源
						34	维生素D的来源
						35	母乳喂养的好处
						36	添加辅食的原则
						37	高烧的护理方法
						38	腹泻的护理方法
						39	佝偻病的预防措施

续表

鉴定范围						鉴定点	
一级		二级		三级		序号	名称
名称	鉴定比重(%)	名称	鉴定比重(%)	名称	鉴定比重(%)		
基本要求	25	基础知识	20	婴幼儿生理学知识	8	40	婴幼儿肥胖的危害
						41	蛔虫病的预防措施
						42	预防接种的护理
				婴幼儿心理学知识	5	1	婴儿动作的发展
						2	婴儿自我意识的发展
						3	幼儿心理发展的一般特点
						4	视敏度的概念
						5	幼儿观察力特点
						6	幼儿记忆的特点
						7	幼儿想象的特点
						8	思维的特点
						9	幼儿思维发展的一般趋势
						10	直觉行动思维
						11	具体形象思维
						12	幼儿注意的特点
						13	幼儿语言的特点
						14	幼儿口吃现象
						15	幼儿的需要
						16	幼儿情绪的一般特点
						17	幼儿高级情感的发展
						18	幼儿的基本情绪
						19	幼儿的社会性
						20	幼儿与同龄伙伴的关系
						21	幼儿与成人的关系
						22	幼儿常见的社会行为
						23	影响幼儿能力发展的因素

续表

鉴定范围						鉴定点	
一级		二级		三级			
名称	鉴定比重(%)	名称	鉴定比重(%)	名称	鉴定比重(%)	序号	名称
基本要求	25	基础知识	20	婴幼儿教育学知识	5	1	学前教育的含义
						2	学前教育的产生和发展
						3	学前教育思想的发展
						4	我国学前教育发展的概况
						5	我国学前教育的性质
						6	我国学前教育的任务
						7	新时期我国学前教育的目标
						8	新时期我国学前教育的原则
						9	影响学前儿童身心发展的因素
						10	学前教育机构的环境
						11	保育员的职责
						12	保育员的知识结构与教育能力
						13	新生入园工作
						14	学前教育机构与家庭和社区
						15	幼小衔接工作的意义和任务
						16	幼儿上小学面临的主要困难及教育策略
						17	幼小衔接工作的注意问题
				相关法律、法规知识	2	1	未成年人的概念
						2	未成年人保护法有关规定
						3	幼儿园保育和教育的主要目标
						4	一日生活作息制度的有关要求
						5	幼儿园体格锻炼制度
						6	《学生伤害事故处理办法》规定

续表

鉴定范围						鉴定点	
一级		二级		三级			
名称	鉴定比重(%)	名称	鉴定比重(%)	名称	鉴定比重(%)	序号	名称
相关知识	75	清洁消毒	15	环境卫生	5	1	活动室扫除的规则
						2	扫地的基本要求
						3	拖地的基本要求
						4	活动室寝室扫除的注意事项
						5	便池的清洁方法
						6	盥洗室工作的注意事项
						7	开窗通风的时间
						8	开窗通风的规则
						9	开窗通风的重要性
						10	幼儿园常用的通风方式
				消毒	10	1	毛巾的消毒方法
						2	水杯的消毒方法
						3	餐具的消毒方法
						4	抹布的消毒方法
						5	桌椅、门把手的消毒方法
						6	幼儿园玩具的消毒方法
						7	幼儿园图书的消毒方法
						8	床单被褥的消毒方法
						9	幼儿园每日的消毒程序
						10	幼儿园日常消毒方法
						11	幼儿园日常消毒的注意事项
						12	煮沸法的使用
						13	蒸汽消毒的使用方法
						14	日晒法的使用方法
						15	常用化学消毒剂的使用方法
						16	石灰的使用方法
						17	漂白粉的使用方法

续表

鉴定范围						鉴定点	
一级		二级		三级			
名称	鉴定比重(%)	名称	鉴定比重(%)	名称	鉴定比重(%)	序号	名称
相关知识	75	清洁消毒	15	消毒	10	18	过氧乙酸的使用方法
						19	配合配制消毒液的程序
						20	配合配制消毒液的注意事项
		生活管理	30	晨检与体检	6	1	日托园晨检的程序
						2	整托园晨检的程序
						3	婴幼儿吃药的准备
						4	帮助幼儿服药的方法
						5	药品登记的内容
						6	药物准备的注意事项
						7	给小幼儿喂药的方法
						8	给婴幼儿滴眼药的方法
						9	给婴幼儿滴鼻药的方法
						10	给婴幼儿滴耳药的方法
						11	服药纪录的内容
						12	协助体检包含的内容
				进餐	6	1	饭菜保温保洁的原则
						2	分发餐具的原则
						3	分发餐具的方法
						4	分发餐具的注意事项
						5	分发饭菜的原则
						6	盛饭的顺序
						7	盛饭中的个别照顾
						8	分发饭菜的注意事项
						9	愉快进餐的条件
						10	进餐的物质环境要求
						11	进餐的精神环境要求
						12	组织进餐的注意事项

续表

鉴定范围						鉴定点	
一级		二级		三级		序号	名称
名称	鉴定比重(%)	名称	鉴定比重(%)	名称	鉴定比重(%)		
相关知识	75	生活管理	30	饮水	4	1	饮水桶的清洗内容
						2	幼儿园饮用水的准备
						3	准备饮用水的注意事项
						4	婴幼儿饮水量的影响因素
						5	3岁以下婴幼儿饮水的照顾方法
						6	3岁以上幼儿饮水的照顾方法
						7	婴幼儿良好饮水习惯的培养
						8	照顾饮水的注意事项
				盥洗如厕	5	1	准备毛巾的程序
						2	小幼儿身体清洁的程序
						3	婴幼儿盥洗的注意事项
						4	婴幼儿大小便的准备工作
						5	婴幼儿大小便的预兆
						6	婴幼儿排便训练的要求
						7	婴幼儿大小便的照顾
						8	大小便的收尾工作
						9	洗手的准备
						10	婴幼儿洗手的指导内容
				睡眠	7	1	婴幼儿睡眠的环境要求
						2	婴幼儿睡眠前的活动准备
						3	睡眠的准备
						4	对个别婴幼儿的睡眠指导
						5	婴幼儿正确睡眠姿势的培养
						6	防备婴幼儿遗尿的准备工作
						7	照顾婴幼儿遗尿的方法
						8	处理遗尿的注意事项
						9	穿脱上衣的指导程序

续表

鉴定范围						鉴定点	
一级名称	鉴定比重(%)	二级名称	鉴定比重(%)	三级名称	鉴定比重(%)	序号	名称
相关知识	75	生活管理	30	睡眠	7	10	穿脱裤子的指导程序
						11	穿脱袜子的指导程序
						12	穿脱鞋的指导方法
						13	叠被的指导方法
						14	穿脱衣服的注意事项
						15	冬季穿脱衣服的顺序
				物品保管	2	1	衣服寝具的管理内容
						2	保育员管理物品的基本要求
						3	玩教具的管理方法
						4	图书的管理方法
		配合教育活动	20	室内教育活动	10	1	保育工作记录的主要内容
						2	记录全班儿童活动情况的内容
						3	记录个别儿童情况的内容
						4	记录设备、材料及物品使用情况的内容
						5	准备保育工作记录表格的注意问题
						6	保育员工作记录的注意事项
						7	室内教育活动前的准备工作
						8	室内教育活动后的收拾整理工作
						9	幼儿园音乐活动常用的设备和材料
						10	幼儿园探索活动常用的设备和材料
						11	幼儿园美工活动常用的设备和材料
						12	幼儿园游戏活动常用的设备和材料
						13	幼儿园语言活动常用的设备和材料
						14	活动前准备和活动后整理的注意事项
						15	纠正婴幼儿不良姿势的工作程序
						16	纠正婴幼儿不良姿势的步骤

续表

鉴定范围						鉴定点	
一级		二级		三级		序号	名称
名称	鉴定比重(%)	名称	鉴定比重(%)	名称	鉴定比重(%)		
相关知识	75	配合教育活动	20	室内教育活动	10	17	姿势的概念
						18	常见的婴幼儿的正确姿势
						19	常见的婴幼儿的不正确姿势
						20	纠正婴幼儿不良姿势的注意事项
				室外教育活动	10	1	做好室外活动场地、材料准备工作的内容
						2	幼儿园大型室外活动的设备和材料
						3	幼儿园中型室外活动的设备和材料
						4	幼儿园小型室外活动的设备和材料
						5	做好场地、材料的准备和收拾整理工作的注意事项
						6	协助教师组织婴幼儿活动的工作程序
						7	婴幼儿的年龄特征
						8	婴幼儿喜欢游戏的原因
						9	婴幼儿游戏的种类
						10	创造性游戏的概念与种类
						11	有规则游戏的概念与种类
						12	《幼儿园工作规程》对幼儿园游戏的指导要求
						13	指导幼儿园游戏时应注意的问题
						14	自由游戏的指导方法
						15	有规则游戏的指导
						16	婴幼儿一日生活的内容
						17	婴幼儿生活活动的组织与指导
						18	婴幼儿学习的特点
						19	指导婴幼儿学习活动的注意问题
						20	协助教师组织婴幼儿活动的注意事项

续表

鉴定范围						鉴定点	
一级		二级		三级		序号	名称
名称	鉴定比重(%)	名称	鉴定比重(%)	名称	鉴定比重(%)		
相关知识	75	安全工作	10	常规安全措施	6	1	活动材料和场地的选择
						2	户外活动场所的安全
						3	活动室的通风形式
						4	寝室的卫生要求
						5	设备和用具的卫生要求
						6	选购玩具时应注意的事项
						7	婴幼儿运动器械的卫生要求
						8	婴幼儿的着装
						9	危险品的保管
						10	药品的保管
						11	体温表的概念
						12	测量体温前的准备
				防止意外伤害	4	1	物理降温法
						2	冷敷法
						3	酒精擦拭法
						4	肥皂通便法
						5	蹭破皮肤的处理
						6	扎伤的处理
						7	划伤、切伤的处理
						8	挤伤的处理
						9	鼻出血的处理

初级保育员理论知识考试真题详解

一、单项选择题

1. 职业是人们在社会中所从事的,并（　　）具有特定职责的专门性活动。
   A. 能够创造一定效益的　　　　B. 以此为生的
   C. 能获得一定报酬的　　　　　D. 能取得一定成就的

【解析】答案：B。

本题主要考查职业的概念。职业是人们在社会中所从事的,并以此为生的具有特定职责的专门性工作。

【鉴定点分布】基本要求→职业道德→职业道德基础知识→职业的概念

2. 教书育人是保育员（　　）的基本要求。
   A. 岗位职责　　B. 专业能力　　C. 职业道德　　D. 专业知识

【解析】答案：C。

本题主要考查保育员职业道德的基本要求。保育员的职业道德基本要求,涵盖了其所应尽的职业义务及所担负的职业责任。这主要包括：忠于国家、献身教育、教书育人、勤奋学习、热爱学龄前儿童、遵纪守法、团结协作、以身作则等。

【鉴定点分布】基本要求→职业道德→职业道德基础知识→保育员职业道德的基本要求

3. 保育员应在婴幼儿唱歌前,对唱歌场所（　　）。
   A. 湿性扫除　　B. 干性扫除　　C. 掸掉尘土　　D. 先干、后湿扫除

【解析】答案：A。

本题主要考查幼儿声带保育的方法。声带保育方法是：①教师应注意幼儿的说话和唱歌习惯的培养,用好听的声音说话,不大喊大叫。多唱幼儿歌曲,唱歌和说话的时间都不应过长。②选择或提供适宜的唱歌场所。保育员应在婴幼儿唱歌前对唱歌场所进行湿性扫除,保持婴幼儿唱歌的场所空气新鲜湿润,避免尘土飞扬。③在寒冷季节,提醒幼儿不在寒风中大声喊叫、歌唱。伤风感冒要多喝水、少说话。

【鉴定点分布】基本要求→基础知识→婴幼儿生理学知识→声带的保育

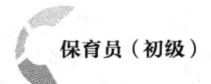

4. 婴幼儿肝脏储存糖原少，饥饿时容易发生（　　）。

　　A. 咳嗽　　　　　B. 发烧　　　　　C. 肚子疼　　　　　D. 低血糖

【解析】答案：D。

本题主要考查婴幼儿肝脏的特点。婴幼儿肝脏发育不完善，分泌胆汁少，对脂肪的消化能力差，肝脏的解毒能力差。肝脏储存糖原少，在婴幼儿饥饿时容易出现"低血糖"，表现为心慌、出冷汗、无力、有饥饿感，甚至出现"低血糖休克"。

【鉴定点分布】基本要求→基础知识→婴幼儿生理学知识→婴幼儿肝脏的特点

5. 摄入蛋白质、无机盐多，婴幼儿对水的需要量（　　）。

　　A. 与摄入蛋白质、无机盐少一样　　　　B. 少

　　C. 多　　　　　　　　　　　　　　　　D. 与摄入蛋白质、无机盐适中一样

【解析】答案：C。

本题主要考查婴幼儿饮水量的影响因素。影响婴幼儿饮水量的因素主要有活动量的大小、外界气温、食物的质与量等。①一般情况下，气温越高、活动量越大，婴幼儿出汗就会越多，对水的需要量就会增加。②摄入的蛋白质、无机盐较多，在排泄这些物质时需要水就较多，因此人体对水的需要量也会增大。③不同年龄的婴幼儿对水的需要量也有所不同。④大量出汗、腹泻、呕吐之后，由于机体丢失大量的水分，应及时补水，以防脱水。

【鉴定点分布】相关知识→生活管理→饮水→婴幼儿饮水量的影响因素

6. 3岁以上幼儿接水时，杯中水应达到（　　）。

　　A. 满杯　　　　　B. 3/4杯　　　　　C. 1/2杯　　　　　D. 1/5杯

【解析】答案：C。

本题主要考查3岁以上婴幼儿饮水的照顾。3岁以上婴幼儿饮水的照顾步骤如下：①喝水前应先洗手，然后去拿自己的杯子。②接半杯水，喝完再接。③喝水时要小口尝试，避免烫嘴。④喝完水后将杯子放回原处。⑤保育员应提醒幼儿，喝水时不要说笑，防止呛咳。

【鉴定点分布】相关知识→生活管理→饮水→3岁以上幼儿饮水的照顾

7. 母乳喂养的婴儿不易患消化道感染是因为（　　）。

　　A. 母乳喂养有利于心理健康　　　　　B. 营养丰富

　　C. 母乳需加热　　　　　　　　　　　D. 母乳新鲜，喂哺方便

【解析】答案：B。

本题主要考查母乳喂养的好处。母乳喂养的好处之一是营养价值高。健康母亲的乳汁是营养价值高、最适合乳儿生长发育需要的理想食品。人乳中的乳蛋白形成的乳凝块较小，容易消化，脂肪颗粒小，容易吸收，而且含有较多的不饱和脂肪酸。人乳

的乳糖含量大，乳糖不仅可提供大脑所需的热量，还能抑制大肠杆菌的繁殖，减少发生腹泻的机会。人乳中钙和磷的比例适宜，易被吸收利用。人乳中含有多种维生素，且因直接喂哺，维生素不被破坏。

【鉴定点分布】基本要求→基础知识→婴幼儿生理学知识→母乳喂养的好处

8. 婴幼儿服用口服补液盐的时间间隔是（　　）分钟。
　　A. 5　　　　B. 2　　　　C. 10　　　　D. 15

【解析】答案：A。

本题主要考查婴幼儿腹泻的处理。腹泻是婴幼儿的常见病，也是许多其他病的并发症。婴幼儿出现腹泻若已脱水，无论程度轻重，均应立即送医院治疗。无脱水，可服"口服补液盐"，根据包装上注明的量，倒入适量的凉开水，搅匀后可服用，每隔5分钟喝一勺。

【鉴定点分布】基本要求→基础知识→婴幼儿生理学知识→腹泻的护理方法

9. 为预防婴儿佝偻病，应为婴儿添加（　　）。
　　A. 牛奶　　　B. 鱼肝油　　　C. 水果　　　D. 鸡蛋

【解析】答案：B。

本题主要考查婴幼儿佝偻病的预防。佝偻病的预防措施包括：①预防先天性佝偻病，孕妇应多吃含钙丰富的食物，多晒太阳。②提倡母乳喂养，及时添加辅食。③多晒太阳。④北方秋冬季出生的婴儿满月后可适量服用鱼肝油或维生素D制剂，用量应遵医嘱，不可过量。

【鉴定点分布】基本要求→基础知识→婴幼儿生理学知识→佝偻病的预防措施

10. 婴幼儿预防接种后的（　　）小时左右会有轻微反应，会在第二天消失。
　　A. 48　　　　B. 24　　　　C. 12　　　　D. 6

【解析】答案：B。

本题主要考查幼儿预防接种的护理工作。接种后，可组织幼儿轻微活动，注意避免受热、受凉。预防接种后会有轻微反应，接种24小时左右，接种局部可发生红肿、疼痛，可有低烧，第二天会恢复正常。若高烧并有其他症状，应及时就医。

【鉴定点分布】基本要求→基础知识→婴幼儿生理学知识→预防接种的护理

11. 婴儿（　　）的发展是指大肌肉和小肌肉动作的发展。
　　A. 双手　　　B. 心理　　　C. 身体　　　D. 动作

【解析】答案：D。

本题主要考查婴幼儿动作的发展。婴儿期是动作发展最迅速的时期，主要是大肌肉动作和小肌肉动作在继续发展。大肌肉动作的发展是指婴儿在13~14个月时一般就能独立行走。其后，在成人扶持、鼓励下，并经过反复练习，两脚能够有规律地交替前进，还慢慢学会上下楼梯、跨越简单障碍等。在婴儿期结束时，可以走较长的路，为进入幼儿园创造了条件。小肌肉（双手）动作的发展是指婴儿期儿童的双手动作在成人指导和不断练习中发展，而且参与生活的各个方面。儿童1周岁以后，就可以学习自己用匙吃饭，2岁时就可以比较熟练地用匙进食。婴儿期儿童对于自己穿脱衣服鞋袜也很感兴趣。但一般说，2岁时还不能独立进行，近3岁时，逐渐能在成人帮助下穿脱衣服。

【鉴定点分布】基本要求→基础知识→婴幼儿心理学知识→婴儿动作的发展

12. （　　）的两个突出特点是间接性和概括性。

　　A. 想象　　　B. 记忆　　　C. 思维　　　D. 知觉

【解析】答案：C。

本题主要考查思维的特点。思维是人脑对客观事物的间接的概括的反应，是在感知记忆的过程的基础上发生的，是高级认识的过程。它具有两个突出的特点：思维是间接的反映（即间接性）和思维是概括的反映（即概括性）。

【鉴定点分布】基本要求→基础知识→婴幼儿心理学知识→思维的特点

13. （　　）又叫作手和眼的思维。

　　A. 具体形象思维　　　　　　B. 逻辑思维

　　C. 直觉行动思维　　　　　　D. 感性思维

【解析】答案：C。

本题主要考查直觉行动的思维和概念。直觉行动的思维是在对客体的感知中，在自己与客体的相互作用中进行的思维。3岁前幼儿的思维主要是直觉行动思维。这种思维比较低级，跟自身的动作和对物体的直接感知紧密联系着，实际是"手和眼的思维"。一方面，这种思维离不开对具体事物的直接感知；另一方面，这种思维又与行动分不开，只有在行动中才能进行思维。离开了感知的具体客体，脱离了实际动作，思维就会随之终止或者转移。

【鉴定点分布】基本要求→基础知识→婴幼儿心理学知识→直觉行动思维

14. 快乐、兴趣、愤怒、恐惧等属于幼儿的（　　）。

　　A. 认知　　　B. 意志　　　C. 基本情绪　　　D. 知觉

【解析】答案：C。

本题主要考查幼儿的基本情绪。幼儿的基本情绪就是幼儿经常表现出来的情绪。主要包括愉快的情绪中的快乐、兴趣、依恋。痛苦情绪中的愤怒、恐惧和嫉妒。

【鉴定点分布】基本要求→基础知识→婴幼儿心理学知识→幼儿的基本情绪

15. 影响幼儿（ ）发展的因素主要有先天和后天的影响、知识和技能的影响和性格的影响。

    A. 思维   B. 感知   C. 能力   D. 气质

【解析】答案：C。

本题主要考查影响幼儿能力发展的因素。能力是个性心理特征之一。它是成功地完成某种活动所必须具备的条件。影响幼儿能力发展的因素有很多，主要包括三种，即先天和后天的影响、知识技能的影响、性格的影响。

【鉴定点分布】基本要求→基础知识→婴幼儿心理学知识→影响幼儿能力发展的因素

16. （ ）我国恢复和建立了各级学前教育组织机构，颁布和制定了一系列关于学前教育的指导性文件和法律、法规。

    A. 文化大革命期间   B. 十一届三中全会以后

    C. 新中国成立后   D. 进入20世纪90年代以来

【解析】答案：B。

本题主要考查我国学前教育发展概况。20世纪50年代，我国学前教育开始全面向苏联学习，并颁布了一系列关于办好学前教育的文件。这些文件的颁布和实施，对学前儿童的健康发展起到了保障作用。文化大革命期间，受极左影响，学前教育进入了寒冷的冬季。十一届三中全会以后，学前教育迎来了发展的黄金时代。恢复和建立了各级学前教育组织机构，颁布和制定了一系列的关于学前教育的指导性文件和法律法规。这些文件和法规，再一次明确了新时期我国学前教育的性质、任务及学前教育的内容与方法问题，为我国学前教育的健康发展指明了方向。

【鉴定点分布】基本要求→基础知识→婴幼儿教育学知识→我国学前教育发展的概况

17. 幼儿园教育是基础教育的重要组成部分，是我国学校教育和终身教育的（ ）。

    A. 奠基阶段   B. 起始阶段   C. 基础阶段   D. 准备阶段

【解析】答案：A。

本题主要考查我国学前教育的性质。我国《幼儿园教育指导纲要》总则第二条明确指出我国学前教育的性质，即：幼儿园教育是基础教育的重要组成部分，是我国学校教育和终身教育的奠基阶段。这一性质决定了新时期的幼儿园教育要把培养学前儿童终身学习的基础和动力作为教育的核心，它要求所有的教育活动都要既符合学前儿童现实的水平和发展需要，又有利于其长远的发展。

【鉴定点分布】基本要求→基础知识→婴幼儿教育知识→我国学前教育的性质

18. （　　）要求保育员要重视一日生活整体的教育价值。
    A. 尊重儿童的人格尊严和合法权利的原则
    B. 促进幼儿体、智、德、美全面发展的原则
    C. 面向全体与因材施教的原则
    D. 整体性原则

【解析】答案：D。

本题主要考查新时期我国学前教育的原则。我国学前教育原则之一是整体性原则。《幼儿园教育指导纲要》明确指出在教育过程中的保育员，应做到以下几点：①注重一日生活整体的教育价值。②保育员应善于对学前教育机构、家庭和社区的教育资源进行整合，使之协调一致。

【鉴定点分布】基本要求→基础知识→婴幼儿教育学知识→新时期我国学前教育的原则

19. 学前教育机构的精神环境主要是指学前教育机构的人际关系和（　　）。
    A. 设备条件　　　B. 师生关系　　　C. 交往方式　　　D. 文化建设

【解析】答案：D。

本题主要考查学前机构的教育环境。学前机构的教育环境主要包括物质环境和精神环境，而精神环境主要指：学前教育的人际关系及学前教育机构文化建设方面的内容。具体体现在保育员与学前儿童之间，学前儿童与学前儿童之间，保育员与保育员之间相互作用、交往方式及学前教育机构文化建设方面。

【鉴定点分布】基本要求→基础知识→婴幼儿教育学知识→学前教育机构的环境

20. 自然通风时，室温仍达到（　　）℃，应采用人工通风。
    A. 3　　　　B. 30　　　　C. 28　　　　D. 18

【解析】答案：B。

本题主要考查幼儿园常用的通风方式。人工通风是幼儿园常用的通风方式之一，炎热的夏季采用自然通风时，如果室温仍达到30℃应采用人工通风的辅助设备，如电扇、排风扇、空调等。以保证活动室和卧室内空气新鲜和适宜的微小气候。

【鉴定点分布】相关知识→清洁消毒→环境卫生→幼儿园常用的通风方式

21. 擦地时洗涮墩布的次数是（　　）。
    A. 仅1次　　　B. 仅2次　　　C. 仅3次　　　D. 多次

【解析】答案：D。

本题主要考查拖地的基本要求。拖地的基本要求是：①先把家具和物品下面的地面擦净，然后再擦其他位置的地面。②拖地时要压住墩布，从左向右横拖，到两头时不要抬起墩布，而要将墩布用力一转，把脏物带走。③要从房间里面向门口倒退着拖

地,以防自己把地踩脏。④拖地过程中要不断洗涮墩布,以便保持墩布的清洁,把地面彻底拖干净。

【鉴定点分布】相关知识→清洁消毒→环境卫生→拖地的基本要求

22. 根据社会的要求和学前儿童身心发展的特点和需要,对学前儿童实施有目的、有计划、( )的影响,使之能够在德、智、体、美等方面都得到全面、和谐发展的教育活动的总和。

  A. 有方式 B. 有方法 C. 有专门性 D. 有组织

【解析】答案:D。

  本题主要考查学前教育的含义。学前教育是教育的组成部分,是以零岁到入学前的儿童为对象的教育,有广义和狭义之分。广义的学前教育指一切能对学前儿童发展产生影响的教育活动。狭义的学前教育是指由专门的学前教育机构实施的,根据社会的要求和学前儿童身心发展的特点和需要,对学前儿童实施有目的、有计划、有组织的影响,使之能够在德、智、体、美等方面都得到全面、和谐发展的教育活动的总和。

【鉴定点分布】基本要求→基础知识→婴幼儿教育学知识→学前教育的含义

23. 夏季开空调的房间应经常( )。

  A. 开窗通风 B. 洒水 C. 开风扇 D. 擦地

【解析】答案:A。

  本题主要考查开窗通风的时间。幼儿园夏季一般实行全天通风的制度。尤其在使用空调的房间应保持半天通风一次,每次通风时间应在10~15分钟为宜。在呼吸道传染病易发时期,应加强通风次数和通风时间。

【鉴定点分布】相关知识→清洗消毒→环境卫生→开窗通风的时间

24. 新鲜空气对幼儿的作用是( )。

  A. 使幼儿缺氧   B. 有异味

  C. 杀灭病菌   D. 使幼儿精神,不睡觉

【解析】答案:C。

  本题主要考查开窗通风的重要性:①婴幼儿呼吸道绝大多数器官如鼻、咽、喉、气管、支气管都是呼吸的无效空间,无法进行气体交换。这就要求幼儿的生活空间空气清洁、氧气含量大。幼儿园是集体机构,婴幼儿多,生活空间有限,只有开窗通风保持空气新鲜才能满足婴幼儿对氧气的要求。保证婴幼儿的生活环境清洁无菌,无异味。②在湿度大、通风不良、日照不充足的情况下,许多致病微生物可较长时间地在室内生存和保持致病性,室内空气污浊常可造成疾病传播,所以开窗通风可以降低空气中致病细菌的浓度,而且,新鲜空气对致病微生物有一定杀伤作用。③婴幼儿处于生长发育最为旺盛的时期,大脑对氧气的需要量大,缺氧会对婴幼儿大脑的发育产生

严重的影响。因此，重视婴幼儿生活空间的空气质量是十分重要的。

【鉴定点分布】相关知识→清洁消毒→环境卫生→开窗通风的重要性

25. 餐具常用的消毒方法是（　　）。
    A. 蒸汽消毒法　　B. 消毒液擦拭　　C. 日晒　　D. 肥皂清洗

【解析】答案：A。

本题主要考查餐具的消毒方法。餐具的消毒方法主要有蒸汽消毒法和煮沸消毒法。餐具消毒前首先应将餐具洗净，然后选择蒸汽或煮沸的方法消毒。

【鉴定点分布】相关知识→清洗消毒→消毒→餐具的消毒方法

26. 抹布可以在浓度为 0.5％的（　　）中浸泡 2 分钟消毒。
    A. 84 消毒液　　B. 洗消净　　C. 漂白粉澄清液　　D. 洗涤剂

【解析】答案：C。

本题主要考查抹布的消毒方法。抹布的消毒方法是先将抹布用肥皂或洗涤剂洗净，然后用 84 消毒液或 0.5％漂白粉澄清液浸泡 2 分钟，之后用清水洗净即可。

【鉴定点分布】相关知识→清洗消毒→消毒→抹布的消毒方法

27. 图书翻晒的时间是（　　）小时。
    A. 1.2　　B. 2.5　　C. 3　　D. 3～6

【解析】答案：D。

本题主要考查幼儿园图书的消毒方法。幼儿园图书的消毒方法是利用紫外线消灭细菌。将图书放在阳光下暴晒 3～6 小时可将图书表面的病原体杀死。如流感、百日咳、流行性脑炎、麻疹等病原体在太阳直射下会很快死掉。

【鉴定点分布】相关知识→清洁消毒→消毒→幼儿园图书的消毒方法

28. 清洁工具应（　　），用后清洗，并保持干燥。
    A. 给幼儿使用　　B. 一物多用　　C. 专用　　D. 混用

【解析】答案：C。

本题主要考查日常消毒的注意事项。幼儿园日常消毒注意事项是：①使用消毒剂后用清水洗净消毒剂的残余。②保育员在对毛巾、水杯消毒后，应使用消毒后的夹子将其夹出，放到架子上，或将手洗净，把物品归位，尽量避免用不清洁的手触摸，造成污染。③毛巾、水杯及餐具的消毒，应首先清洁粘在上面的污物，然后进行各种形式的消毒。④用具如抹布、墩布、水桶等要专用，用后及时清洗、保持其干燥。⑤循环使用的餐具和餐巾，每次使用后应消毒。

【鉴定点分布】相关知识→清洁消毒→消毒→幼儿园日常消毒的注意事项

29. （　　）不适用煮沸法消毒。

A. 耐热物品　　　B. 食具　　　　C. 金属物品　　　D. 家具

【解析】 答案：D。

本题主要考查煮沸法的使用。煮沸法是最简便有效的方法，被消毒的物品需全部浸入水中。水开后煮15～20分钟。取出后妥善保管，防止污染。各种耐热的物品、金属器皿和食具等均可煮沸消毒。因此本题选择选项D。

【鉴定点分布】 相关知识→清洁消毒→消毒→煮沸法的使用

30. 玩具的消毒方法是（　　）。
    A. 日光下暴晒　　B. 日光下翻晒　　C. 树荫下晒　　D. 阴凉处通风

【解析】 答案：A。

本题主要考查玩具的消毒方法。玩具的消毒方法主要是用0.5%的洗消净或84消毒液浸泡一分钟，每周两次。也可采用日晒法消毒，将玩具放在阳光下暴晒3～6小时，将玩具表面的病原体杀死。

【鉴定点分布】 相关知识→清洁消毒→消毒→幼儿园玩具的消毒方式

31. 0.2%～1%的漂白粉澄清液可以消毒（　　）。
    A. 衣物　　　　B. 书籍　　　　C. 玩具　　　　D. 便盆

【解析】 答案：D。

本题主要考查漂白粉的使用方法。漂白粉干粉可用于尿及稀便的消毒，漂白粉乳液可用于稠便的消毒。浓度为0.2%～0.1%的漂白粉溶液，一般用于便盆的消毒。

【鉴定点分布】 相关知识→清洁消毒→消毒→漂白粉的使用方法

32. 应使用浓度为（　　）的过氧乙酸对不锈钢、塑料制品、体温表等物品消毒。
    A. 0.1%～0.5%　　　　　　　　B. 3%
    C. 5%　　　　　　　　　　　　D. 10%～20%

【解析】 答案：A。

本题主要考查过氧乙酸的使用方法。幼儿园的不锈钢制品、体温表、塑料制品、水果等多使用0.1%～0.5%的过氧乙酸溶液消毒。配制过氧乙酸溶液应使用清洁的水，现配现用。

【鉴定点分布】 相关知识→清洁消毒→消毒→过氧乙酸的使用方法

33. （　　）不是保育员接待来园的工作内容。
    A. 叠放外套　　　　　　　　　B. 登记婴幼儿带来的药物
    C. 帮助婴幼儿吃药　　　　　　D. 检查婴幼儿的衣兜

【解析】 答案：C。

本题主要考查日托园晨检程序。在对婴幼儿进行晨检之前，帮助婴幼儿脱外套、帽子并将之叠放整齐，放在固定的地方；晨检时保育员要对婴幼儿带来的药物作详细登记，并将它们放在幼儿够不到的地方；晨检时检查幼儿的衣兜，将幼儿带来的小物件暂时保存起来；晨检后指导婴幼儿用盐水漱口。

【鉴定点分布】相关知识→生活管理→晨检与体检→日托园晨检的程序

34. 婴儿生理性流涎发生的原因是（　　）。
　　A. 不会吞咽　　B. 口腔溃疡　　C. 频繁吞咽　　D. 口腔深

【解析】答案：A。

本题主要考查唾液腺的特点。婴儿唾液腺的功能是分泌唾液。新生儿唾液腺发育不完善，唾液分泌量较少，口腔干燥。3～4个月时，开始吃辅食了，唾液分泌增加。6～7个月，唾液的分泌就更加旺盛。但婴儿口腔浅，不会及时把口水咽下去，所以经常流口水，称为生理性流涎。

【鉴定点分布】基本要求→基础知识→婴幼儿生理学知识→唾液腺的特点

35. 恒牙的数量是（　　）。
　　A. 20～32　　B. 25～30　　C. 14～28　　D. 28～32

【解析】答案：D。

本题主要考查乳牙的生长。乳牙共20颗，出牙时间一般为6～8个月，婴儿4～10个月出第一颗牙，均属正常。从6～7岁开始，乳牙松动，先后脱落，逐渐换上恒牙。13岁左右换牙完毕，共28～32颗。

【鉴定点分布】基本要求→基础知识→婴幼儿生理学知识→乳牙的生长

36. 为了预防脊柱不正常弯曲，婴幼儿应该（　　）。
　　A. 手背后坐好　　　　　　B. 睡软床
　　C. 驼背　　　　　　　　　D. 保持身体正，背挺直

【解析】答案：D。

本题主要考查脊柱的保育方法。由于婴幼儿脊柱生理弯曲尚未定型，不良的体姿及一切可能导致不良体姿的因素，都可以导致脊柱变形，脊柱的功能也将受到影响。脊柱的保育措施是：①培养婴幼儿良好的体姿。坐时，两脚平放在地上，背部挺直，不耸肩，身子坐正；站时，身子正，腿不弯，抬头挺胸；行走时，抬头挺胸，不全身乱扭。②婴幼儿的生活用品应该符合健康的要求。婴幼儿不睡软床。婴幼儿使用的桌椅高矮要以身材比例为标准。幼儿负重不得超过体重的1/10。背双肩带的书包。总之，健美的体姿不仅使人看上去有精神，还可以预防驼背和脊柱侧弯。

【鉴定点分布】基本要求→基础知识→婴幼儿生理学知识→脊柱的保育

37. （　　）符合夏季三餐散热保洁的原则。

A. 将饭菜移至屋外通风　　　　　　B. 拿掉容器盖子以便降温

C. 给容器加盖，防备污染　　　　　D. 对饭菜吹风扇

【解析】答案：D。

本题主要考查饭菜保温保洁的原则。夏季婴幼儿的饭菜若过热，需将饭菜放在电风扇附近，以便迅速散热、降温。

【鉴定点分布】相关知识→生活管理→进餐→饭菜保温保洁的原则

38. 保育员给婴幼儿分发饭菜的顺序是（　　）。

A. 先发菜和汤，再盛饭　　　　　　B. 先发饭和汤，再盛菜

C. 同时放发在一个碗中　　　　　　D. 先盛饭菜，再盛汤

【解析】答案：D。

本题主要考查幼儿园分发饭菜的原则。分发饭菜应公平对待，少盛多添。饭菜分别放在碗和盘中，先盛饭菜，吃完之后再盛汤。

【鉴定点分布】相关知识→生活管理→进餐→分发饭菜的原则

39. 保育员对食欲差的体弱儿应做到（　　）。

A. 循序渐进逐渐增加膳食量　　　　B. 不想吃就不吃

C. 只喝果汁　　　　　　　　　　　D. 只喝奶

【解析】答案：A。

本题主要考查盛饭中的个别照顾。在婴幼儿进餐活动中，保育员应根据婴幼儿的身体状况来添加饭菜。对营养不良食欲差的体弱幼儿，保育员应耐心照顾，允许幼儿少量进餐，并循序渐进地增加膳食量。保育员对肥胖儿的膳食量应加以控制。

【鉴定点分布】相关知识→生活管理→进餐→盛饭中的个别照顾

40. （　　）有利于婴幼儿进餐。

A. 婴幼儿吃饭时有陌生人出现

B. 催促婴幼儿进餐

C. 餐室内安静，同时轻声地播放轻松的音乐

D. 教师聊天

【解析】答案：C。

本题主要考查婴幼儿进餐的精神环境要求。进餐的精神环境是指保育员的态度等。进餐的精神环境要求是：①保证室内安静或轻声地播放轻松的音乐。②保育员态度应和蔼、亲切，周到地照顾婴幼儿进餐。③不转移婴幼儿的注意力，避免降低婴幼儿食欲。④不催促婴幼儿进餐。⑤不批评婴幼儿，不利用进餐时间解决问题。⑥不引起婴幼儿过度兴奋。保育员不宜在幼儿进餐时讲故事、大声聊天，或允许婴幼儿在进餐时大声交谈。

【鉴定点分布】相关知识→生活管理→进餐→进餐的精神环境要求

41. 婴幼儿进餐情绪低落，保育员应检查婴幼儿（　　）。
    A. 是否聊天　　B. 是否讲故事　　C. 是否要上厕所　　D. 是否发烧

【解析】答案：D。

本题主要考查组织进餐的注意事项。婴幼儿进餐时保育员应注意每一个婴幼儿的进餐行为，观察婴幼儿的进餐情绪、进餐速度、进餐量，以及对食物的偏好，发现问题及时处理。发现婴幼儿进餐情绪低落、食欲较差，应检查和询问婴幼儿是否发烧，有无牙疼、嗓子疼、肚子疼等问题。

【鉴定点分布】相关知识→生活管理→进餐→组织进餐的注意事项

42. （　　）能预防婴幼儿泌尿系统感染。
    A. 从后向前擦屁股　　　　　　B. 睡前不盥洗
    C. 充足饮水　　　　　　　　　D. 清洗外阴的毛巾不用消毒

【解析】答案：C。

本题主要考查婴幼儿泌尿系统感染的预防。①每晚睡前提醒男女幼儿清洗外阴部，女孩在每天晚上睡眠前要清洗外阴部，男孩也要用水洗去包皮污垢。②教会幼儿正确擦屁股的方法，即从前向后擦，以免粪便污染幼儿的尿道。③洗清外阴的毛巾、盆等要专用，毛巾用后要消毒。④充足饮水，及时排尿。

【鉴定点分布】基本要求→基础知识→婴幼儿生理学知识→婴幼儿泌尿系统感染的预防

43. 转移注意力是矫治（　　）的好方法。
    A. 吃手　　B. 遗尿　　C. 夜惊　　D. 说谎

【解析】答案：A。

本题主要考查吃手的预防。预防吃手主要按以下步骤进行：①改变不正确的喂养方式，不要让婴幼儿感到饥饿，从小培养婴幼儿良好的生活习惯和卫生习惯。②多给予婴幼儿关心以及爱的满足，尤其是母爱，使婴幼儿在心理上能获得安全感和满足感。③给予婴幼儿丰富的环境刺激，将婴幼儿的注意力吸引到各种活动中去，分散和淡化婴幼儿对手指的注意和依恋。④不要嘲笑他们，更不要恐吓他们或强行制止其吃手的行为，以免引起婴幼儿心理上的紧张。

【鉴定点分布】基本要求→基础知识→婴幼儿生理学知识→吃手的预防

44. 补充碘最简便的方法是（　　）。
    A. 晒太阳　　B. 吃肉　　C. 喝奶　　D. 食用碘盐

【解析】答案：D。

本题主要考查补充碘的方法。碘是合成甲状腺素的原料，可促进人体正常的新陈代谢，促进婴幼儿生长发育。若婴幼儿摄取碘不足，会出现碘缺乏症。胎儿期由于母体缺碘，或出生后早期碘摄取不足，甲状腺素合成不足，会阻碍婴幼儿的新陈代谢和生长发育，严重影响婴幼儿智力的发展，造成婴幼儿呆傻。我国政府号召民众向威胁人类智力的碘缺乏症挑战，并提出儿童、孕妇应补碘，普通人日常生活中食用碘盐等措施。幼儿园和家庭在为婴幼儿提供膳食的时候，要注意这一问题，让婴幼儿多摄取海藻类食品，防止缺碘。同时也要杜绝滥服碘剂的现象，防止碘中毒。

【鉴定点分布】基本要求→基础知识→婴幼儿生理学知识→补充碘的方法

45. 幼儿剧烈运动后大量喝水不利于（　　）的健康。

　　A. 心脏　　　B. 胃肠　　　C. 肺　　　D. 大脑

【解析】答案：A。

本题主要考查照顾婴幼儿饮水的注意事项。照顾婴幼儿饮水的注意事项之一是：婴幼儿剧烈运动后不宜大量饮水。因为此时大量饮水会突然增加回心血量，加重心脏的负担，不利于心脏的健康。婴幼儿运动后，可少量饮水，以湿润干渴的嗓子。

【鉴定点分布】相关知识→生活管理→饮水→照顾饮水的注意事项

46. 按（　　）分可以把幼儿的一日生活分为上午的活动、下午的活动、晚间的活动三部分。

　　A. 时间　　　B. 内容　　　C. 性质　　　D. 地点

【解析】答案：A。

本题主要考查婴幼儿一日生活的内容。学前儿童在幼儿园的一日生活，可以划分为上午的活动、下午的活动和晚间的活动三部分。

【鉴定点分布】相关知识→配合教育活动→室外教育活动→婴幼儿一日生活的内容

47. 准备饮水前，应（　　）以冲洗龙头。

　　A. 空放一、两杯饮水，并舍弃　　　B. 全部饮用

　　C. 全部舍弃　　　D. 舍弃一半

【解析】答案：A。

本题主要考查准备饮水的注意事项。准备饮水的注意事项是：①开水不进教室。②婴幼儿喝水前应先放一、两杯水，并舍弃。③保育员应注意补充饮水时的安全，避免碰撞、绊倒和烫伤幼儿。

【鉴定点分布】相关知识→生活管理→饮水→准备饮用水的注意事项

48. 清洗婴儿身体之前，应先（　　）。

　　A. 穿衣服　　　B. 将身体擦干　　　C. 将身体打湿　　　D. 往身体上擦油

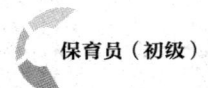

【解析】答案：C。

本题主要考查小幼儿身体清洁的程序。小幼儿身体清洁的程序为：①保育员应先将自己的手清洗干净。②用湿毛巾或清水，将幼儿的手、脸、臀部打湿。③将肥皂抹在保育员手上，搓出泡沫。④用肥皂手清洗婴幼儿的手、脸、臀部。⑤用清洁的、湿度大的毛巾将肥皂泡沫擦干净，泡洗毛巾，漂洗若干次，直至彻底洗净。

【鉴定点分布】相关知识→生活管理→盥洗如厕→小幼儿身体清洁的程序

49. 睡眠前保育员应（　　）。

　　A. 提醒孩子排尿　　　　　　B. 组织婴幼儿游戏

　　C. 用许愿的方式提要求　　　D. 为婴幼儿讲有悬念的故事

【解析】答案：A。

本题主要考查婴幼儿睡眠前的活动准备。婴幼儿睡眠前的活动主要有：①睡眠前可组织幼儿进行一些安静的活动，如户外散步、桌面游戏等。②在幼儿睡眠前提醒组织婴幼儿排尿。③检查婴幼儿的衣袋，防止婴幼儿将小物品带到床上玩耍。

【鉴定点分布】相关知识→生活管理→睡眠→婴幼儿睡眠前的活动准备

50. （　　）出现时需要纠正婴幼儿的睡姿。

　　A. 左侧卧　　　B. 右侧卧　　　C. 蒙头睡　　　D. 仰卧

【解析】答案：C。

本题主要考查婴幼儿正确的睡眠姿势的培养：①保育员应牢记婴幼儿的睡眠姿势：婴幼儿可右侧卧可仰卧，身体自然弯曲，被子应盖在脖子下面。②认真观察，及时发现不良的睡眠姿势，如跪睡、缩成一团睡、蒙头睡。③及时纠正婴幼儿不良的睡眠姿势。保育员可以通过严格的睡前检查、设置障碍、随时检查及时纠正等方法，帮助婴幼儿形成良好的睡眠姿势。

【鉴定点分布】相关知识→生活管理→睡眠→婴幼儿正确睡眠姿势的培养

51. 保育员指导幼儿分辨衣服前后的方法是（　　）。

　　A. 帮助幼儿分辨　　　　　　B. 做记号

　　C. 记忆衣服的结构　　　　　D. 穿上再看

【解析】答案：B。

本题主要考查穿脱裤子的指导程序。指导婴幼儿穿裤子的程序是：①辨别前后。为了教幼儿分辨前后，家长应在幼儿的裤子前片绣花、绣名字、缝兜或在膝盖处绣上明显的记号等，使幼儿容易分辨出裤子的前后面。②双手提好裤腰。③先伸一条腿，再进另一条腿。④提裤子。⑤将内衣塞进裤子里。

【鉴定点分布】相关知识→生活管理→睡眠→穿脱裤子的指导程序

52. 保育员应了解（　　），以便唤醒幼儿，防遗尿。

  A. 语言水平   B. 幼儿的个性

  C. 运动水平   D. 遗尿的具体时间

【解析】答案：D。

  本题主要考查防备婴幼儿遗尿的准备工作。防备婴幼儿遗尿的准备工作包括：保育员应熟悉本班幼儿的睡眠情况，了解遗尿幼儿名单和他们的遗尿特点，包括什么天气遗尿、喝多少水遗尿、遗尿的具体时间、每天遗尿的次数、遗尿前的表现等内容。

【鉴定点分布】相关知识→生活管理→睡眠→防备婴幼儿遗尿的准备工作

53. 被子应折成（　　）。

  A. 长条形   B. 薄片   C. 桶状   D. 豆腐块

【解析】答案：D。

  本题主要考查叠被子的指导方法。叠被子的指导方法是：①幼儿站在床侧。②折长边：将被子靠着自己的一端向中间折，再折另一端。折好的被子的宽度应与床栏杆或画出的记号相一致。③折两端：将折好的长条形被子的两端向中间对折，然后，再对折，叠出豆腐块形的被子。

【鉴定点分布】相关知识→生活管理→睡眠→叠被的指导方法

54. （　　）的婴幼儿可以提前进入睡眠室，提前睡觉。

  A. 体弱   B. 精力旺盛   C. 不喜欢睡   D. 体质好

【解析】答案：A。

  本题主要考查对个别婴幼儿的睡眠指导。婴幼儿睡眠同其他活动一样，存在个体差异，需要保育员区别对待，例如，对于需要睡觉时间长的婴幼儿、脱衣服较慢的婴幼儿、年龄较小的婴幼儿及体弱儿，应让他们提前进入睡眠室，提前睡觉；对于那些精力旺盛、体质较好、不喜欢睡觉和上床后爱和其他人逗玩的婴幼儿可分成几组依次上床睡觉，以便保育员管理，也能满足不同婴幼儿的需要。

【鉴定点分布】相关知识→生活管理→睡眠→对个别婴幼儿的睡眠指导

55. 存放教具的分类柜应（　　），以便于寻找。

  A. 标出存放的全部教具名称   B. 不贴任何标签

  C. 用颜色标志名称   D. 标出编号和教具名称

【解析】答案：D。

  本题主要考查玩教具的管理办法。幼儿园班级经常使用的教具（自制）应按主题活动或学科分类编号，放在分类柜中固定的位置，便于拿取和归位，分类柜应贴上编号和教具的名称，便于寻找。

【鉴定点分布】相关知识→生活管理→物品保管→玩教具的管理办法

56. 记录设备、材料和物品的使用情况主要是记录本班设备、材料和物品的使用情况和（　　）；下一次活动需要继续保留的设备、物品和材料的情况；需要维修和更换的设备情况等。

  A. 室外活动的设备、物品和材料　　B. 室内活动的设备、物品和材料
  C. 体育活动的设备、物品和材料　　D. 外借的设备、材料和物品的使用情况

【解析】答案：D。

本题主要考查记录设备、材料及物品使用情况的内容。主要记录本班设备、材料、物品的使用情况和外借设备、材料、物品的使用情况；下一次活动中需要继续保留的设备、物品和材料的情况；需要维修或更换的设备情况等。

【鉴定点分布】相关知识→配合教育活动→室内教育活动→记录设备、材料及物品使用情况的内容

57. 设计保育工作记录表格时，要考虑记录的目的和内容不要过于烦琐，应该以记录方便、省时、（　　）为目的。

  A. 格式正确　　B. 可行　　C. 省力　　D. 详细

【解析】答案：C。

本题主要考查准备保育工作记录表格的注意问题。在准备保育工作记录过程中，设计表格时，要考虑记录的目的和内容不要过于烦琐，应以记录方便、省时、省力为目的。常用的记录表格有保育员在配合教育活动中的保育工作记录表。

【鉴定点分布】相关知识→配合教育活动→室内教育活动→准备保育工作记录表格的注意问题

58. 保育员可以用（　　）为婴幼儿营造睡眠气氛。

  A. 表情　　B. 语言　　C. 歌声　　D. 沉默

【解析】答案：B。

本题主要考查为婴幼儿睡眠的环境要求：①保育员应用自己的行为、语言为婴幼儿的睡眠创造气氛。组织婴幼儿睡眠前的声音、动作要轻柔，避免大呼小叫，四处碰撞，避免婴幼儿过度兴奋，影响他们睡眠的欲望。②保育员应控制婴幼儿午餐的喝汤量，避免午睡时反复上厕所，影响睡眠。③保育员应根据气温、饮食等状况，灵活掌握婴幼儿睡眠中如厕的次数。

【鉴定点分布】相关知识→生活管理→睡眠→婴幼儿睡眠的环境要求

59. 保育员要与教师共同做好室内教育活动前的精神准备。活动前，保育员应根据教育目标协助教师启发幼儿对将要进行的活动进行思考，协助教师稳定幼儿的情绪，照顾个别幼儿和体弱幼儿，（　　）。

  A. 做好物质准备

B. 与教师共同创设一个和谐、宽松的活动氛围

C. 准备好材料

D. 准备好设备、物品和材料

【解析】答案：B。

本题主要考查室内教育活动前的准备工作。室内活动前的准备工作之一是保育员要与教师共同做好室内教育活动前的精神准备。活动前，保育员应根据教育目标协助教师启发幼儿对将要进行的活动进行思考，协助教师稳定幼儿的情绪，照顾个别幼儿和体弱幼儿，与教师共同创设一种和谐、宽松的活动氛围。

【鉴定点分布】相关知识→配合教育活动→室内教育活动→室内教育活动前的准备工作

60. 儿童表演服装属于（　　）的设备和材料。

A. 音乐游戏　　　B. 探索活动　　　C. 象征性游戏　　　D. 建构游戏

【解析】答案：A。

本题主要考查幼儿园音乐活动的常用设备和材料。幼儿园音乐活动的常用设备和材料包括各种小乐器（如铃鼓、三角铁、撞铃、木鱼、响板、腰鼓等），儿童表演服装，电教设备（如录音机、放像机、磁带、电视机等），手风琴，钢琴和其他材料等。

【鉴定点分布】相关知识→配合教育活动→室内教育活动→幼儿园音乐活动常用的设备和材料

61. 橡皮泥是（　　）的玩具和材料。

A. 表演游戏　　　B. 象征性游戏　　　C. 建构游戏　　　D. 语言活动

【解析】答案：C。

本题主要考查幼儿园游戏活动常用的设备和材料。游戏活动的材料分为象征性玩具材料和建构性游戏和材料。建构游戏玩具和材料主要有：各种积木、积塑、积铁、橡皮泥，各种木条、木块等。

【鉴定点分布】相关知识→配合教育活动→室内教育活动→幼儿园游戏活动常用的设备和材料

62. （　　）是婴幼儿桌椅的卫生要求之一。

A. 桌椅的配置应以老师的要求为依据

B. 桌椅的配置应以婴幼儿的年龄为依据

C. 桌椅的配置应以婴幼儿的身高为依据

D. 桌椅的配置应以材质的性能为依据

【解析】答案：C。

本题主要考查幼儿园设备和用具的卫生要求。婴幼儿在活动室进行游戏、绘画、

进餐和休息时都离不开桌椅。合适的桌椅有助于婴幼儿保持良好的坐姿，避免疲劳，预防近视和脊柱异常弯曲的发生等。幼儿园桌椅最基本的卫生要求是使用者在使用时具有良好的姿势。桌椅的大小式样应便于幼儿采取前倾或微后仰的坐姿，使婴幼儿坐着时脊柱正直，前胸不受挤压，大腿水平，两脚着地，且能适度地变换体位，避免长时间保持一个姿势。

【鉴定点分布】相关知识→安全工作→常规安全措施→设备和用具的卫生要求

63. 婴幼儿正确的走姿主要是上体正直，双手在行进中自然地摆动，（　　）步伐均匀，有精神等。

  A. 上体稍向前倾　　　　　　　B. 上、下肢动作协调
  C. 用脚掌着地　　　　　　　　D. 屈肘在体侧

【解析】答案：B。

本题主要考查常见的婴幼儿正确的姿势。身体在坐、站、走、跪、卧时的习惯状态称为姿势。婴幼儿正确的走姿应为：身体正直，双手在行进过程中自然摆动，上、下肢动作协调，步伐均匀，有精神。

【鉴定点分布】相关知识→配合教育活动→室内教育活动→常见的婴幼儿的正确姿势

64. （　　）是幼儿园室外活动的中型设备、材料。

  A. "小鸭拉车"　　　　　　　　B. 玩沙、玩水等使用的小桶、小铲等
  C. 滑板　　　　　　　　　　　D. 呼啦圈

【解析】答案：D。

本题主要考查幼儿园中型室外活动的设备和材料。幼儿园室外活动的设备和材料按规模可分为大、中、小型三部分。其中中型设备和材料有：儿童三轮车、呼啦圈、摇椅、垫子、拱形圈等。

【鉴定点分布】相关知识→配合教育活动→室外教育活动→幼儿园中型室外活动的设备和材料

65. 各种跳绳是幼儿园室外活动的（　　）设备、材料。

  A. 大型　　　　B. 中型　　　　C. 小型　　　　D. 微型

【解析】答案：C。

本题主要考查幼儿园小型室外活动的设备和材料。小型设备和材料有各种球类、各种跳绳、大型积木、沙包、套圈等，各种小车如"小鸭拉车"和小推车等，以及玩沙、水时用的小桶、小盆、小铲等。

【鉴定点分布】相关知识→配合教育活动→室外教育活动→幼儿园小型室外活动的设备和材料

66. 保育员在进行室外活动的场地、材料的准备和收拾整理工作中的注意事项是：（　　）和做好保护性措施。

  A. 调动儿童的活动积极性　　　　B. 与儿童共同游戏
  C. 安全第一　　　　　　　　　　D. 加强与教师的沟通

【解析】答案：C。

  本题主要考查幼儿园做好场地、材料的准备和收拾整理工作的注意事项。注意事项的内容包括：①室外活动安全第一。如孩子们在室外活动时使用的木制工具事先一定要擦拭、打磨，使木棍圆润、光滑，避免木刺刺伤孩子的小手。②做好防护性措施。如为了避免孩子在跑动中被一楼敞开的窗户碰到头，事先要把敞开的窗户角用棉花包起来。

  【鉴定点分布】相关知识→配合教育活动→室外教育活动→做好场地、材料的准备和收拾整理工作的注意事项

67. 学前儿童喜欢游戏的原因很多，这是由其身心发展特点和（　　）两方面决定的。

  A. 其知识经验　　　　　　　　　B. 教师的教育
  C. 游戏本身特点　　　　　　　　D. 发展水平

【解析】答案：C。

  本题主要考查婴幼儿喜欢游戏的原因。游戏是学前儿童最喜欢的活动，也是最符合学前儿童身心发展特点的活动。学前儿童喜欢游戏的原因很多，这是由于学前儿童身心发展特点和本身特点两方面决定的。主要包括以下几点：①游戏是学前儿童自主、自愿的活动，可以给他们带来无限的乐趣。②游戏可以丰富学前儿童的各种知识经验，满足他们探索世界的愿望并发展他们的社交能力。③游戏可以让儿童插上想象的翅膀，在假想的世界里自由地活动。④游戏能够让孩子表露各种情绪，满足在现实生活中被压抑了的需要。

  【鉴定点分布】相关知识→配合教育活动→室外教育活动→婴幼儿喜欢游戏的原因

68. 创造性游戏是指儿童（　　）、创造性地反映生活的游戏。

  A. 及时地　　　B. 全面地　　　C. 自觉地　　　D. 主动地

【解析】答案：D。

  本题主要考查创造性游戏的概念与种类。创造性游戏是指儿童主动地、创造性地反映生活的游戏。它是学前阶段孩子们最感兴趣的游戏。这类游戏有角色游戏、表演游戏和结构游戏等。

  【鉴定点分布】相关知识→配合教育活动→室外教育活动→创造性游戏的概念与种类

69. 应根据幼儿的（　　）选择和指导游戏。

  A. 兴趣　　　　B. 需要　　　　C. 年龄特点　　　D. 游戏特点

【解析】 答案：C。

本题主要考查《幼儿园工作规程》（以下简称《规程》）对幼儿园游戏的指导要求。《规程》提出了幼儿园游戏的总的指导要求：①应根据幼儿的年龄特点选择和指导游戏。②因地制宜地为幼儿创设游戏条件（时间、空间、材料）。游戏材料应强调多功能和可变性。③应充分尊重幼儿选择游戏的意愿，鼓励幼儿制作玩具。

【鉴定点分布】 相关知识→配合教育活动→室外教育活动→《幼儿园工作规程》对幼儿园游戏的指导要求

70. 玩具和材料还应该具有可变性和可创造性的特点。即一种玩具材料学前儿童可以（　　），充分发挥孩子的创造性。

  A. 尽情地玩　　　　　　　　B. 用多种方式去操作它

  C. 几个人共同玩　　　　　　D. 多次玩

【解析】 答案：B。

本题主要考查指导幼儿园游戏时应注意的问题。根据《规程》对幼儿园游戏的总的指导要求，在日常教育中保育员应做到以下几点：①保证学前儿童每天有充分的时间和空间进行游戏。②为学前儿童提供充足的游戏玩具和材料工具。③丰富学前儿童的知识经验以逐步提高他们的游戏水平。

【鉴定点分布】 相关知识→配合教育活动→室外教育活动→指导幼儿园游戏时应注意的问题

71. 肥胖对孩子的危害是（　　）。

  A. 多动症　　　　　　　　B. 贫血

  C. 动脉硬化的隐患　　　　D. 感冒

【解析】 答案：C。

本题主要考查婴幼儿肥胖的危害。婴幼儿肥胖的危害主要包括以下四点：①身体肥胖，动作笨拙，不美观。②对健康不利。肥胖可导致扁平足，行走容易腰痛、腿痛。腹部脂肪过多，影响呼吸。脂肪堆积在血管壁、肝脏上容易造成脂肪肝、高血脂，并成为动脉硬化的隐患。③肥胖的幼儿容易产生饥饿感，而影响其专心学习新知识、新本领。④肥胖儿容易存在心理问题。由于肥胖儿身体不灵活，在正常幼儿的游戏中是不受欢迎的角色。因此，肥胖儿往往易产生孤独、自卑感，甚至存在其他方面的心理异常。

【鉴定点分布】 基本要求→基础知识→婴幼儿生理学知识→婴幼儿肥胖的危害

72. （　　）是协助教师组织婴幼儿活动的注意事项之一。

A. 调动儿童的活动积极性

C. 教给孩子知识

B. 与儿童共同游戏

D. 及时与教师和家长沟通，了解孩子的真实情况

【解析】答案：D。

本题主要考查保育员协助教师组织婴幼儿活动的注意事项。室外活动是婴幼儿喜欢的活动，也是最容易出现安全问题的活动。保育员在协助教师组织婴幼儿室外活动时，要根据教师的要求，协助教师组织好婴幼儿的室外活动。在活动中应注意以下事项：①每次活动前要对场地、材料和设备做认真检查，确保婴幼儿使用的安全性。②认真观察幼儿的活动反应，掌握好孩子的活动量。③及时与家长和教师进行沟通，了解婴幼儿的真实情况。

【鉴定点分布】相关知识→配合教育活动→室外教育活动→协助教师组织婴幼儿活动的注意事项

73. 组织外出活动或交接班，要清点人数，防止婴幼儿（　　）。

　　A. 丢失　　　　B. 摔倒　　　　C. 打架　　　　D. 乱跑

【解析】答案：A。

本题主要考查户外活动场所的安全。户外活动场所的安全包括：①在组织婴幼儿户外活动前，应先检查器械的安全和活动场地的情况，清除活动场地的砖头、玻璃碎片、树枝等。②检查婴幼儿鞋帽是否符合活动的要求。如把长的裤腿挽起，过宽的裤腿用皮筋扎住，提醒婴幼儿提裤子、系鞋带等。③组织活动时做到不让全班婴幼儿离开自己的视线，不让个别婴幼儿离开集体，不把婴幼儿单独留在室内。④组织外出活动或交接班时，要清点人数，防止婴幼儿丢失。⑤活动后返班或上课、上床前，要检查婴幼儿身上有没有影响安全的物品，如小刀片、别针、小扣子、小珠子、玻璃片、小虫子等。

【鉴定点分布】相关知识→安全工作→常规安全措施→户外活动场所的安全

74. （　　）应保持整洁、安静，经常开窗通风。在婴幼儿进入寝室午睡前，开窗换气10分钟左右。

　　A. 活动室　　　B. 寝室内　　　C. 盥洗室　　　D. 楼道

【解析】答案：B。

本题主要考查幼儿园寝室的卫生要求。寝室是幼儿睡眠的场所，寝室的各项指标是否符合卫生要求，直接影响到幼儿的睡眠质量。因此，寝室内应保持整洁、干净，经常开窗通风，保持空气流通、新鲜，即使在较寒冷的冬季，也应在婴幼儿进入寝室午睡前，开窗换气10分钟左右。有条件的幼儿园，可以在寝室里安装紫外线灭菌设施

等，以便经常进行室内空气消毒。

【鉴定点分布】相关知识→安全工作→常规安全措施→寝室的卫生要求

75. 在划伤、切伤的处理中，在伤口周围用75％的酒精由里向外消毒，敷上消毒纱布，用（　　）包扎，是处理划伤、切伤的步骤之一。

  A. 绷带　　　　B. 衣服　　　　C. 卫生纸　　　　D. 碎布

【解析】答案：A。

本题主要考查划伤、切伤的处理。婴幼儿在使用剪刀、小刀等文具或触摸纸边和打碎的玻璃器皿、陶器时，都可能发生手被划破的事故。处理步骤如下：①用干净的纱布按压伤口止血。②在伤口周围用75％的酒精由里向外消毒，敷上消毒纱布，用绷带包扎，是处理划伤、切伤的步骤之一。③如果是玻璃器皿扎伤，先用清水清理伤口，用镊子消除玻璃碎片，消毒后进行包扎。

【鉴定点分布】相关知识→安全工作→防止意外伤害→划伤、切伤的处理

76. 幼儿园桌椅最基本的卫生要求是在使用时（　　）。

  A. 有助于良好的姿势　　　　B. 不容易损坏桌子
  C. 颜色孩子喜欢　　　　　　D. 要干净

【解析】答案：A。

本题主要考查幼儿园设备和用具的卫生要求。婴幼儿在活动室进行游戏、绘画、进餐和休息时都离不开桌椅。合适的桌椅有助于婴幼儿保持良好的坐姿，避免疲劳，预防近视和脊柱异常弯曲的发生等。幼儿园最基本的卫生要求是婴幼儿在使用时具有良好的姿势。桌椅的大小式样应便于幼儿采取前倾或微后仰的坐姿，且能适度地变换体位，避免长时间的一个姿势。

【鉴定点分布】相关知识→安全工作→常规安全措施→设备和用具的卫生要求

77. 婴幼儿（　　），因而婴幼儿的贴身内衣应选用纯棉的面料。

  A. 怕热　　　　　　　　　　B. 怕冷
  C. 皮肤娇嫩，排汗量多　　　D. 爱喝水

【解析】答案：C。

本题主要考查婴幼儿的着装。保暖、舒适、方便、安全、美观是婴幼儿着装的基本要求。婴幼儿皮肤娇嫩，排汗量多，因而婴幼儿的贴身内衣应选用纯棉的面料。纯棉内衣吸湿性、透气性好，而且柔软、保温，适合婴幼儿穿着。

【鉴定点分布】相关知识→安全工作→常规安全措施→婴幼儿的着装

78. 冷敷法是将小毛巾折叠数层，放在冷水中浸泡，拧成半干，敷在前额或腋下等处，一般（　　）分钟换一次。

A. 1～2　　　　B. 1～3　　　　C. 15～30　　　D. 5～10

【解析】答案：D。

本题主要考查冷敷法，具体方法是：①将小毛巾折叠数层，放在冷水中浸泡，拧成半干，敷在前额或腋下等处，一般5～10分钟换一次。②将小毛巾放在腋窝、肘窝、腹股沟等处。③用热水袋灌进冰块或凉水，用毛巾包好，作为冰头枕在头后。

【鉴定点分布】相关知识→安全工作→防止意外伤害→冷敷法

79. 酒精擦拭降温法是用70%的酒精或白酒加水（　　）倍稀释，然后用小毛巾浸泡后擦腋下、肘部、颈部两侧等处。

A. 2　　　　　B. 3　　　　　C. 1　　　　　D. 4

【解析】答案：C。

本题主要考查酒精擦拭法。酒精擦拭降温的操作方法是：①将70%的酒精或白酒加水一倍稀释。②将小毛巾浸泡后擦腋下、肘部、颈部两侧等处。酒精易挥发，能较快地将体内的热量发散。

【鉴定点分布】相关知识→安全工作→防止意外伤害→酒精擦拭法

80. 在扎伤的处理中，需要用消毒过的（　　）顺着刺的方向把刺全部挑、拨出来，不要有残留，并挤出瘀血。

A. 牙签　　　B. 镊子　　　C. 针或镊子　　　D. 牙签或镊子

【解析】答案：C。

本题主要考查婴幼儿扎伤的处理。扎伤一般都是竹刺、木刺扎入皮肤后，有一部分露在皮肤外，有刺痛感，应立即取出。具体步骤是：①先将伤口用净水或生理盐水清洗干净。②用消过毒的针或镊子顺着刺的方向把刺全部挑、拨出来，不要有残留，并挤出瘀血。③用酒精消毒伤口。④如果刺扎在指甲或难以拔出的位置，应送医院处理。

【鉴定点分布】相关知识→安全工作→防止意外伤害→扎伤的处理

81. 婴幼儿常见的脱臼是（　　）。

A. 肩关节半脱臼　　　　B. 肘关节半脱臼
C. 肩关节脱臼　　　　　D. 肘关节脱臼

【解析】答案：B。

本题主要考查关节的特点：婴幼儿关节附近的韧带较松，关节窝较浅，在过度牵拉的情况下，容易脱臼。婴幼儿较为常见的脱臼是肘关节半脱臼，即"牵拉肘"。

【鉴定点分布】基本要求→基础知识→婴幼儿生理学知识→关节的特点

82. 冬季幼儿参加户外活动穿（　　）较好。

A. 棉大衣　　　B. 毛围巾　　　C. 厚棉袄　　　D. 棉背心

【解析】答案：D。

本题主要考查婴幼儿皮肤的保育。婴幼儿皮肤的保育方法之一是针对体温调节，即：①冬季防冻疮，夏季防中暑。冬季婴幼儿户外活动，应穿便于活动的棉背心，戴帽子，鞋要温暖、大小适宜。②增强婴幼儿对冷热变化的适应能力。无论天气冷热，每天坚持户外锻炼和游泳可以提高婴幼儿对寒冷环境的适应能力。总之，要组织婴幼儿充分利用空气、阳光和水进行锻炼，可提高婴幼儿的适应能力，提高婴幼儿的身体素质。③培养婴幼儿用冷水洗手、脸的习惯。

【鉴定点分布】基本要求→基础知识→婴幼儿生理学知识→婴幼儿皮肤的保育

83. 婴幼儿的眼球是生理性远视，5岁后逐渐转为（　　）。

A. 近视　　　B. 正常　　　C. 远视　　　D. 弱视

【解析】答案：B。

本题主要考查婴幼儿视力的特点。婴幼儿视力的主要特点是：①5岁前可能有生理性远视。婴幼儿眼球比较小，前后距离较短，物体成像在视网膜的后面，称为生理性远视。随着眼球的发育，眼球前后距离变长，5岁后视力逐渐转为正常。②晶状体有较好的弹性。婴幼儿晶状体弹性好，既能看清眼前的物体，也能看清较远的物体。但如果看书、写字距书本过近，则会使眼球处于疲劳状态，长此以往，会形成近视眼。

【鉴定点分布】基本要求→基础知识→婴幼儿生理学知识→婴幼儿视力的特点

84. 婴幼儿读书写字时，光线应该来自身体的（　　）。

A. 左侧　　　B. 右侧　　　C. 左上方　　　D. 右上方

【解析】答案：C。

本题主要考查近视眼的预防。预防近视应做到：①培养幼儿良好的用眼习惯。要求幼儿不在过暗处和阳光下看书，乘车、行走、躺在床上不看书，每次看书、看电视、玩游戏机的时间不应过长；看书、写字时，眼睛距书本的距离应保持1尺（约33 cm）；集中用眼一段时间后，应望远、看绿色等，使眼睛消除疲劳。②科学采光。幼儿读书、写字、绘画时，光线应来自身体的左上方，当室内不够明亮时，应采用人工照明。③远离危险。教育幼儿不玩小刀、剪子、竹签、弹弓、鞭炮等可能伤害眼睛的物品。④防止斜视。幼儿园应定期为幼儿调换座位，防止婴幼儿斜视。

【鉴定点分布】基本要求→基础知识→婴幼儿生理学知识→近视的预防

85. 多吃（　　）可以预防贫血。

A. 牛奶　　　B. 动物肝脏　　　C. 菠菜　　　D. 脂肪

【解析】答案：B。

本题主要考查婴幼儿补铁的方法。铁是合成血红蛋白的重要原料，参与体内氧的运输和利用。如果饮食中缺乏铁，可使婴幼儿患缺铁性贫血。较大婴幼儿贫血是因为膳食缺铁及不良的膳食习惯，如吃零食、偏食等。幼儿园和家庭应改变婴幼儿不良的膳食习惯，尽量提高膳食的质量，多为婴幼儿提供动物肝脏、动物血、瘦肉、豆类等含铁丰富的食物，同时还应多提供富含维生素C的蔬菜和水果，以促进铁的吸收。

【鉴定点分布】基本要求→基础知识→婴幼儿生理学知识→婴幼儿补铁的方法

86. 维生素D的摄取应该（　　）。

　　A. 多多益善　　　B. 较少　　　C. 可多可少　　　D. 适中

【解析】答案：D。

本题主要考查维生素D的主要来源。维生素D的作用是帮助钙沉积在骨骼上。补钙时如果只吃钙而不同时摄取维生素D，钙将无法吸收；晒太阳是获得维生素D最简便有效的途径。在动物肝脏、蛋、乳类食物中含有极少量的维生素D。人体摄取维生素D过多，可引起中毒。

【鉴定点分布】基本要求→基础知识→婴幼儿生理学知识→维生素D的来源

87. 幼儿园预防蛔虫病的措施是（　　）。

　　A. 经常到野外玩　　　　　　B. 经常洗澡
　　C. 对幼儿进行教育　　　　　D. 搞好环境卫生

【解析】答案：D。

本题主要考查蛔虫的预防措施。蛔虫病是婴幼儿较为常见的肠道寄生虫病。蛔虫寄生在人的肠道内，摄取婴幼儿的营养，影响婴幼儿的生长发育。预防措施主要有：①培养幼儿良好的卫生习惯，尤其饭前、便后一定要用肥皂洗手，并要勤剪指甲。生吃瓜果要洗净，不喝生水。教育幼儿不要捡地上的东西吃，不吮手指，不随地大小便。②幼儿园要改善环境卫生，讲究饮食卫生。③积极治疗蛔虫病，减少虫卵传播的机会。幼儿园每年9月、10月集体驱虫，使用的药物有驱蛔灵、驱虫净等。

【鉴定点分布】基本要求→基础知识→婴幼儿生理学知识→蛔虫病的预防措施

88. 下列属于幼儿心理发展一般特点的是（　　）。

　　A. 认识活动以成人教为主要特点　　B. 情绪稳定
　　C. 心理活动及行为的无意性　　　　D. 个性已经形成

【解析】答案：C。

本题主要考查幼儿心理发展的一般特点。幼儿心理发展的一般特点主要有：①认识活动以具体形象性为主要特征。②心理活动及行为的无意性占优势。③幼儿的情绪外露、易变化、不稳定。④幼儿的个性开始初具雏形。

【鉴定点分布】基本要求→基础知识→婴幼儿生理学知识→幼儿心理发展的一般特点

89. 下列属于想象特点的是（ ）。

　　A. 想象受逻辑影响　　　　　　B. 想象符合现实
　　C. 有意想象为主　　　　　　　D. 想象受情绪的影响

【解析】答案：D。

本题主要考查婴幼儿想象的特点。婴幼儿想象的特点之一是无意想象为主，有意想象开始发展，其中包括三点：①想象的主题不确定。②有意想象开始发展。③想象受兴趣的影响。凡是感兴趣的事情幼儿都会情绪高涨，同时也能引起幼儿的想象。如他们喜欢听故事，便会百听不厌，对于能激发情感的情节更会要求保育员或家长一次又一次地继续讲下去。尤其是内容中有许多象声词的故事，更是如此。他们会一边听一边想，故事情节发生变化时，他们的想象也会跟着变化，好像十分享受想象的过程。也许正因为如此，即使某些故事明明听过许多遍，幼儿仍然表现出十分爱听的样子。因为一些为幼儿熟悉的东西，往往能引起他们的兴趣，也最容易激发他们的想象。

【鉴定点分布】基本要求→基础知识→婴幼儿心理学知识→幼儿想象的特点

90. 教育随着人类社会的产生而产生，并（ ）。

　　A. 随着人类社会的发展而发展　　B. 决定人类社会的发展方向
　　C. 对个体的发展产生影响　　　　D. 成为人类社会特有的教育现象

【解析】答案：A。

本题主要考查学前教育的产生和发展。在生产劳动中，人们积累了一定的经验与方法，为了继续生存下去，就要把这些经验与方法传授给下一代。教育因此而产生了。随着人类的不断进步与发展，积累的知识和经验越来越多，需要下一代学习的内容也越来越多。如何让下一代学得更快、更多、更好，就成为教育需要不断研究和解决的问题，教育也在这一研究和实践的过程中发展起来。因此，教育是随着人类社会的产生而产生，并随着人类社会的发展而发展的。

【鉴定点分布】基本要求→基础知识→婴幼儿教育学知识→学前教育的产生和发展

91. 母乳营养价值高的原因之一是（ ）。

　　A. 含饱和脂肪酸　　　　　　　B. 钙磷比例合适
　　C. 钙磷比例不合适　　　　　　D. 不含乳糖

【解析】答案：B。

本题主要考查母乳喂养的好处。母乳喂养的好处之一是营养价值高，健康母亲的乳汁是营养价值高、最适合乳儿生长发育需要的理想食品。人乳中钙和磷的比例适宜，易被吸收利用，是母乳营养价值高的原因之一。并且人乳中含有多种维生素，且因为直接喂哺，维生素不被破坏。

【鉴定点分布】基本要求→基础知识→婴幼儿生理学知识→母乳喂养的好处

92. 我国幼儿园的（　　）是我国学前教育机构的一大特色。

　　A. 教育形式　　B. 双重任务　　C. 教育内容　　D. 教育方法

【解析】答案：B。

本题主要考查我国学前教育的任务。《幼儿园工作规程》的第三条明确指出，我国幼儿园的任务是：实行保育与教育相结合的原则，对幼儿实施体、智、德、美全面发展的教育，促进其身心和谐发展，同时为幼儿家长安心参加社会主义建设提供便利条件。幼儿园的双重任务，是我国学前教育机构的一大特色。幼儿园的一切工作都要服从与服务于双重任务的完成。

【鉴定点分布】基本要求→基础知识→婴幼儿教育学知识→我国学前教育的任务

93. 造成孩子缺乏（　　）的主要原因是家长和教师平时对孩子的事情包办过多，不给孩子独立完成某种任务的机会。

　　A. 人际交往能力　　　　　　　B. 独立生活能力
　　C. 规则意识和完成规则的能力　　D. 任务意识和完成任务的能力

【解析】答案：D。

本题主要考查幼儿上小学面临的主要困难及教育策略。在我国，幼儿上小学面临的主要困难表现在以下几个方面：①缺乏任务意识和完成任务的能力。②缺乏规则意识和执行规则的能力。③缺乏独立意识和独立生活的能力。④缺乏人际交往的能力。而缺乏任务意识和完成任务能力的主要原因是家长和老师平时对孩子的事情包办过多，不给孩子独立完成某种任务的机会，使孩子很少能够体验依靠自己的力量完成某种任务之后的成功感。此外，教育者在孩子做事情的时候，过分关注孩子完成任务的结果，稍有不足就横加指责，经常拿孩子的某些不足与其他孩子的优点做比较，使孩子产生畏难情绪，也是孩子想方设法逃避任务的原因之一。

【鉴定点分布】基本要求→基础知识→婴幼儿教育学知识→幼儿上小学面临的主要困难及教育策略

94. 幼小衔接工作应贯穿于（　　）而非入学前的突击训练。

　　A. 整个幼儿期　　B. 大班第二学期　　C. 过渡期　　D. 大班

【解析】答案：A。

本题主要考查幼小衔接工作应注意的问题。在我国，幼小衔接工作应注意的问题之一是，幼小衔接工作应贯穿于整个幼儿期，而非入学前的突击训练。幼儿园教育是终身教育的重要组成部分，是幼儿终身发展的奠基阶段。让孩子顺利地上小学只是幼儿终身发展的一个环节。从幼儿入学后所面临的种种困难中，我们也可以看到，提高主体的适应性不是一蹴而就的，而是需要一个漫长的教育过程。因此，那种把幼小衔接工作仅仅当成是大班或学前班的事情的观点是错误的。

【鉴定点分布】基本要求→基础知识→婴幼儿教育学知识→幼小衔接工作的注意问题

95. 幼儿园应制订合理的幼儿一日生活作息制度。两餐间隔时间不得少于三个半小时。幼儿（　　）的时间在正常情况下，每天不得少于两小时，寄宿制幼儿园不得少于三小时，高寒、高温地区可酌情增减。

　　A. 游戏活动　　　B. 学习活动　　　C. 户外活动　　　D. 生活活动

【解析】答案：C。

本题主要考查一日生活作息制度的有关要求。我国《幼儿园工作规程》第十三条规定：幼儿园应制订合理的幼儿一日生活作息制度。两餐间隔时间不得少于三小时半。幼儿户外活动时间在正常情况下，每天不得少于两小时，寄宿制幼儿园不得少于三小时，高寒、高温地区可酌情增减。

【鉴定点分布】基本要求→基础知识→相关法律、法规知识→一日生活作息制度的有关要求

96. 要有组织地经常开展适合婴幼儿特点的游戏及体育活动，尤其要重视一岁半以下婴幼儿的体格锻炼，给婴儿每天做（　　）次被动操和主被动操，幼儿做1～2次体操或活动性游戏。

　　A. 3～4　　　　B. 1～2　　　　C. 4～5　　　　D. 4～6

【解析】答案：B。

本题主要考查幼儿园体格锻炼制度。我国《托儿所幼儿工作保健制度》中规定：幼儿园要有组织地经常开展适合婴幼儿特点的游戏及体育活动，尤其要重视一岁半以下婴幼儿的体格锻炼，给婴儿每天做1～2次被动操和主被动操，幼儿做1～2次体操或活动性游戏。

【鉴定点分布】基本要求→基础知识→相关法律、法规知识→幼儿园体格锻炼制度

97. （　　）在蒙台梭利教育法中占有重要地位。

　　A. 整个教学法　　B. 儿童中心论　　C. 五指活动　　D. 感觉教育

【解析】答案：D。

本题主要考查学前教育思想的发展。学前教育思想最初没有形成独立的理论体系，大多融合在伦理学、政治学之中。到了近现代，学前教育思想才逐渐形成独立的理论流派，并对后人的教育实践产生了重大影响。其代表人物主要有：卢梭的自然主义学前教育思想、福禄贝尔的学前教育思想、蒙台梭利的学前教育思想、陈鹤琴的教育思想等。其中感觉教育在蒙台梭利教育法中占有重要地位。她认为学前儿童正处于感觉发展的敏感期，如果不让儿童进行充分的感觉活动，使其感觉能力得到发展，长大以后不仅难以弥补，而且还会使其整个精神的发展受到损害。

【鉴定点分布】基本要求→基础知识→婴幼儿教育学知识→学前教育思想的发展

98. 1903 年在（　　）建立了我国第一个学前社会教育机构。

　　A. 天津　　　　B. 北京　　　　C. 湖北武昌　　　D. 广州

【解析】答案：C。

本题主要考查我国学前教育发展概况。

在近代社会以前，我国的学前教育发展十分缓慢。1903 年建立了湖北武昌幼稚园，是我国第一个学前社会教育机构。

直到新中国成立前，在中国共产党领导下的解放区，保教工作者提出了"一切为了孩子，一切为了前线"的口号。为新中国成立后学前教育的发展提供了宝贵的经验。

新中国成立后，明确了学前教育要完成促进儿童的全面发展与解放妇女生产力，为家长解决后顾之忧的双重任务。我国的学前教育开始全面向苏联学习，还颁布了一系列关于办好学前教育的文件。

文化大革命期间，学前教育遭受了很大的打击和破坏。学前教育的发展进入了寒冷的冬季。

十一届三中全会以后，恢复和建立了各级学前教育组织机构，颁布和制定了一系列关于学前教育的指导性文件和法律法规，明确了新时期我国学前教育的性质、任务及学前教育的内容与方法问题，为我国学前教育的健康发展指明了方向。

【鉴定点分布】基本要求→基础知识→婴幼儿教育学知识→我国学前教育发展的概况

99. 擦过的地面应（　　）。

　　A. 有水迹　　　B. 有水　　　C. 无水迹　　　D. 有擦痕

【解析】答案：C。

本题主要考查活动室寝室扫除的注意事项。保育员的擦拭工作应认真细致，尤其应注意清除死角的灰尘。寝室扫除的注意事项之一是：幼儿园应采用湿性扫地的方法，防止尘土飞扬。擦地应使用半干的墩布，防止地面有水迹。

【鉴定点分布】相关知识→清洁消毒→环境卫生→活动室寝室扫除的注意事项

100. "为幼儿一生的发展打好基础"是我国学前教育的（　　）。

　　A. 根本任务　　B. 重要任务　　C. 主要任务　　D. 首要任务

【解析】答案：A。

本题主要考查我国学前教育的任务。我国《幼儿园教育指导纲要（试行）》在《幼儿园工作规程》的基础上进一步强调指出，我国学前教育的根本任务是要"为幼儿一生的发展打好基础"，从而更好地把《幼儿园工作规程》中提出的学前教育任务的终极目的突现出来，体现了终身教育的理念和以儿童可持续发展为本的教育追求。

【鉴定点分布】基本要求→基础知识→婴幼儿教育学知识→我国学前教育的任务

101.（　　）岁是扁桃体发育的高峰，幼儿常容易患扁桃体炎。

  A. 3　　　　B. 4～10　　　　C. 12　　　　D. 18

【解析】答案：B。

本题主要考查婴幼儿淋巴结的特点。幼儿淋巴结的特点是：①扁桃体是人体最大的淋巴结，4～10岁时达到发育的高峰，所以幼儿常因呼吸道的感染而患扁桃体炎。②颈部淋巴结。人体表面的一些部位的淋巴结浅表，可以摸到，这些淋巴结分布在颈部、腋下、大腿根等处，分别负责消除人体不同区域淋巴液中的病菌。颈部淋巴结负责头、面部淋巴液的清除工作。婴幼儿患口腔炎、扁桃体炎、中耳炎或头上长疖子，都可使颈部淋巴结肿大。

【鉴定点分布】基本要求→基础知识→婴幼儿生理学知识→婴幼儿淋巴结的特点

102. 水杯消毒后应（　　）。

  A. 擦干　　　B. 煮　　　C. 清水浸泡　　　D. 清水冲洗

【解析】答案：D。

本题主要考查水杯的消毒方法。水杯的消毒方法是：①洗。用百洁布擦拭杯口杯内（蘸去污粉或洗涤灵），用小刷子刷洗杯子把手。②冲。用流动水冲干净。③泡。用0.5％的洗消净或84消毒液浸泡5～10分钟（煮沸15～30分钟，蒸汽10～15分钟），用流动水冲洗干净。

【鉴定点分布】相关知识→清洁消毒→消毒→水杯的消毒方法

103. 保育员每日清洁工作的次数为（　　）。

  A. 一次　　　　　　　　　B. 贯彻全天，随脏随擦

  C. 两次　　　　　　　　　D. 三次

【解析】答案：B。

本题主要考查活动室寝室扫除的注意事项。活动室寝室扫除的注意事项之一是：保育员的卫生工作不是一时性的，应贯彻全天，做到随脏随擦，保持活动室和寝室的清洁。

【鉴定点分布】相关知识→清洁消毒→环境卫生→活动室寝室扫除的注意事项

104. 便池应该重点擦拭的地方是（　　）。

  A. 入水口　　　B. 边沿　　　C. 拐角　　　D. 池外

【解析】答案：C。

本题主要考查便池的清洁方法。便池的清洁方法是：①冲便池。②用漂白粉乳剂浸泡，刷洗便池。在池底、拐角、下水管道口10厘米处应重点擦拭，做到无尿碱，无

臭味。

【鉴定点分布】相关知识→清洁消毒→消毒→便池的清洁方法

105. 使用化学消毒剂的消毒方法是（ ）。
    A. 煮沸法　　B. 蒸汽法　　C. 日晒法　　D. 药品消毒法

【解析】答案：D。

本题主要考查幼儿园日常消毒的方法。幼儿园日常消毒的方法有煮沸法、蒸汽法、日晒法、药品消毒法。药品消毒法是使用安全的化学消毒剂进行消毒。常用的化学消毒剂主要有以下几种：煤酚皂溶液（俗称来苏水）、石灰、漂白粉、氯亚明、过氧乙酸、新洁尔灭等。

【鉴定点分布】相关知识→清洁消毒→消毒→幼儿园日常消毒方法

106. 蒸汽消毒前，应先（ ）。
    A. 晾干欲消毒物品　　　　B. 煮
    C. 洗净欲消毒物品　　　　D. 药品消毒

【解析】答案：C。

本题主要考查蒸汽消毒的使用方法。蒸汽消毒法是将各种耐热物品放入蒸汽消毒柜，蒸40分钟，灭菌效果极佳。但在消毒前，应先清洗要消毒的物品，然后再进行蒸汽消毒。

【鉴定点分布】相关知识→清洁消毒→消毒→蒸汽消毒的使用方法

107. 用消毒液擦拭桌椅或门把手后，应滞留（ ）分钟。
    A. 10　　B. 15　　C. 5　　D. 2

【解析】答案：A。

本题主要考查桌椅门把手的消毒方法。桌椅门把手的消毒方法是，每天用0.5%的洗消净或84消毒液，擦拭2～3遍，滞留10分钟消毒。

【鉴定点分布】相关知识→清洁消毒→消毒→桌椅、门把手的消毒方法

108. 使用84消毒液对玩具进行浸泡，浸泡时间应为（ ）分钟。
    A. 10　　B. 5　　C. 1　　D. 半

【解析】答案：C。

本题主要考查幼儿园玩具的消毒方法。幼儿园玩具的消毒方法是：用0.5%的洗消净或84消毒液浸泡1分钟，每周两次。也可采用日晒法消毒。

【鉴定点分布】相关知识→清洁消毒→消毒→幼儿园玩具的消毒方法

109. 配制消毒液后应将消毒液（ ）。
    A. 倒出　　B. 搅拌均匀　　C. 加温　　D. 全部使用掉

【解析】答案：B。

本题主要考查配制消毒液的程序。配制消毒液的程序是：①按照保健医生的要求，准备水盆、水桶及量杯。②根据配制比例或要求，配制所需要的消毒液。根据比例，在水盆或水桶中准备相应份数的水，并用量杯将一份药液倒入其中。③将消毒液搅拌均匀。④按照保健医生的要求，将配好的消毒药液放在婴幼儿够不到的地方。

【鉴定点分布】相关知识→清洁消毒→消毒→配合配制消毒液的程序

110. 整托园教养员给幼儿晨检时，保育员应该（　　）。

　　A. 打扫寝室　　　　　　　　B. 打开水
　　C. 叠放压风被　　　　　　　D. 帮助幼儿叠被子

【解析】答案：C。

本题主要考查整托园的晨检程序。整托园的晨检程序是：①协助进行晨检。②晨检时拉开窗帘。③晨检时唤醒依然在睡眠中的幼儿。④晨检时提醒已醒的幼儿如厕。⑤冬季晨检时应将压风被叠好，并放入柜子。

【鉴定点分布】相关知识→生活管理→晨检与体检→整托园晨检的程序

111. 药品登记表中不能没有（　　）。

　　A. 药效　　　B. 成分　　　C. 副作用　　　D. 药名

【解析】答案：D。

本题主要考查药品登记的内容。药品登记的内容主要包括：姓名、病名、药名、服用时间、药量。

【鉴定点分布】相关知识→生活管理→晨检与体检→药品登记的内容

112. 配制消毒液过程中应注意（　　）。

　　A. 在幼儿活动场所进行　　　B. 避开幼儿
　　C. 让幼儿触碰　　　　　　　D. 让幼儿观看

【解析】答案：B。

本题主要考查配制消毒液的注意事项。无论使用何种消毒剂，保育员在配制、使用、放置等方面，既要注意自身安全，还要注意婴幼儿的安全，将配好的消毒药液放在婴幼儿够不到的地方。在配制消毒剂的过程中，避开幼儿，以免婴幼儿中毒。

【鉴定点分布】相关知识→清洁消毒→消毒→配合配制消毒液的注意事项

113. 婴幼儿服药结束后，保育员应该（　　）。

　　A. 做其他工作　　　　　　　B. 休息
　　C. 与幼儿游戏　　　　　　　D. 做好服药纪录

【解析】答案：D。

本题主要考查帮助婴幼儿服药的方法。帮助婴幼儿服药的方法是：①核对药名与患儿的姓名及服药剂量。②根据服药记录准备药物。③准备服药用的白开水。④和蔼地劝说幼儿吃药。⑤服药后的婴幼儿应安静片刻。⑥做好服药记录。

【鉴定点分布】相关知识→生活管理→晨检与体检→帮助幼儿服药的方法

114. 防止幼儿牙列不齐的方法是（　　）。
　　A. 咬上唇　　B. 双排牙　　C. 舌头舔新牙　　D. 双侧咀嚼

【解析】答案：D。

本题主要考查乳牙的保育。幼儿乳牙保育的方法之一是防止牙列不齐。常见的牙齿排列不齐的有"下兜齿""开唇露齿""虎牙"等。防止牙列不齐应采用以下方法：①乳儿时期，用奶瓶喂奶、喂水，奶头不要过分上翘、下压，不让乳儿自己抱着奶瓶吃奶。母亲喂奶时，应抱起孩子取坐位。②换牙期间，若出现"双排牙"，即乳牙未脱落恒牙已长出的情况，要及时拔掉滞留的乳牙。恒牙萌出后，禁止用舌头舔新牙。③改掉"吃手""咬指甲""托腮"等坏毛病。④培养婴幼儿双侧牙齿轮流咀嚼的习惯。

【鉴定点分布】基本要求→基础知识→婴幼儿生理学知识→乳牙的保育

115. 保育员应使用（　　）消毒体温表。
　　A. 石灰　　B. 过氧乙酸　　C. 漂白粉　　D. 日晒

【解析】答案：B。

本题主要考查过氧乙酸的使用方法。过氧乙酸的使用方法是：0.1‰～0.5‰的溶液可用于不锈钢、塑料制品、体温表、水果等的消毒。

【鉴定点分布】相关知识→清洁消毒→消毒→过氧乙酸的使用方法

116. 乳牙的作用是（　　）。
　　A. 练习刷牙　　　　　　B. 诱导恒牙的萌出
　　C. 美观　　　　　　　　D. 说明生长发育的情况

【解析】答案：B。

本题主要考查乳牙的作用。乳牙的作用有：①咀嚼食物，帮助消化。②促进颌骨的发育。③有助于准确地发音。④诱导恒牙的萌出。

【鉴定点分布】基本要求→基础知识→婴幼儿生理学知识→乳牙的作用

117. 分发餐具的时间不能过早是因为（　　）。
　　A. 影响活动　　B. 浪费时间　　C. 家长的要求　　D. 避免污染

【解析】答案：D。

本题主要考查分发餐具的注意事项。幼儿园分发餐具的注意事项是：①在幼儿分发餐具的过程中，若餐具落地，应立即更换。②分发餐具的时间应在餐前20～30分

钟,不可过早,避免污染。

【鉴定点分布】相关知识→生活管理→进餐→分发餐具的注意事项

118. 保育员为婴幼儿分发菜肴应( )。
    A. 均匀、齐全   B. 单一   C. 因人盛菜   D. 一次分光

【解析】答案：A。

本题主要考查盛饭的顺序。保育员盛饭的顺序为：①按照幼儿的平均摄食量,发给每个幼儿同等量的主食。②分发汤菜前,用菜勺搅拌各种菜肴及汤,使之混合均匀。③均匀、齐全地为婴幼儿盛入各种配菜,尽量避免单一摄食。

【鉴定点分布】相关知识→生活管理→进餐→盛饭的顺序

119. 协助体检包括( )。
    A. 指导体检的程序   B. 批评婴幼儿
    C. 帮助婴幼儿穿脱衣服   D. 测身高

【解析】答案：C。

本题主要考查协助体检包含的内容。协助体检包含的内容为：①协助保健医生组织婴幼儿排队。②协助保健医生清点人数。③帮助保健医生核对体检婴幼儿的名单。④搀扶或抱较小的婴幼儿上下身高体重仪。⑤帮助婴幼儿迅速穿脱衣服和鞋。⑥协助保健医生对体检的情况作认真记录。⑦安抚婴幼儿的情绪。

【鉴定点分布】相关知识→生活管理→晨检与体检→协助体检包含的内容

120. 分发勺子或筷子时,手应抓的位置是( )。
    A. 筷子尖   B. 勺子前段
    C. 攥两端   D. 勺子柄或筷子的尾端

【解析】答案：D。

本题主要考查分发餐具的方法。分发餐具的方法是：碗摆放在正对着椅子的位置,盘子摆放在碗的前面,勺子或筷子应放在盘子上。分发勺子或筷子时,手应抓捏在勺柄处或筷子尾端,摆放整齐。

【鉴定点分布】相关知识→生活管理→进餐→分发餐具的方法

121. 分发餐具的时间是餐前( )。
    A. 1小时   B. 20～30分钟   C. 2小时   D. 30～40分钟

【解析】答案：B。

本题主要考查分发餐具的注意事项。幼儿园分发餐具的注意事项是：①在幼儿分发餐具的过程中,若餐具落地,应立即更换。②分发餐具的时间应在餐前20～30分钟,不可过早,避免污染。

【鉴定点分布】相关知识→生活管理→进餐→分发餐具的注意事项

122. 幼儿园中，发放给每个幼儿的主食量应该达到（　　）。

　　A. 按最大摄食量提供　　　　B. 班级平均摄食量标准

　　C. 按最小摄食量提供　　　　D. 因人而异

【解析】答案：B。

本题主要考查盛饭的顺序。幼儿园中盛饭的顺序是：①按照婴幼儿的平均摄食量，发给每个婴幼儿同等量的主食。②分发汤菜前，用菜勺搅拌各种菜肴及汤，使之混合均匀。③均匀齐全地为婴幼儿盛入各种配菜，尽量避免单一摄食。

【鉴定点分布】相关知识→生活管理→进餐→盛饭的顺序

123. 婴幼儿进餐中容易出现的意外问题有（　　）。

　　A. 说话　　　B. 呕吐　　　C. 打喷嚏　　　D. 小便

【解析】答案：B。

本题主要考查组织进餐的注意事项。组织进餐的注意事项是：①尽量避免婴幼儿说笑打闹，防止异物进入呼吸道。②及时解决进餐中出现的意外问题，如呕吐、打翻饭碗、牙疼、肚子疼、哭泣等。③婴幼儿进餐时保育员应注意每一个婴幼儿的进餐行为，观察婴幼儿的进餐情绪、进餐速度、进餐量以及对食物的偏好，发现问题及时处理。发现婴幼儿进餐情绪低落、食欲较差，应检查和询问婴幼儿是否发烧，有无牙疼、嗓子疼、肚子疼等。

【鉴定点分布】相关知识→生活管理→进餐→组织进餐的注意事项

124. 保育员要及时把幼儿在活动中的作品及（　　）进行归类、整理，标上日期收到档案盒中，以便日后查阅。

　　A. 使用的工具　　　　　B. 其他有保留价值的物品

　　C. 有保留价值的材料　　D. 物品

【解析】答案：B。

本题主要考查室内活动后收拾和整理工作。幼儿园室内活动后收拾和整理工作之一是：活动后保育员应及时把婴幼儿活动中的作品及其他有保留价值的物品及时进行归类、整理，标上日期收到档案盒中，以便日后查阅，如幼儿的画和手工作品等。

【鉴定点分布】相关知识→配合教育活动→室内教育活动→室内教育活动后的收拾整理工作

125. 折好的被子宽应（　　）。

　　A. 与床同宽　　　　　B. 不定标准

　　C. 以床栏杆为标准　　D. 与肩同宽

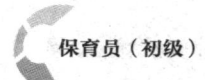

【解析】答案：C。

本题主要考查叠被的具体指导方法。叠被的具体指导方法是，针对幼儿园的中、大班的孩子：①幼儿站在床侧。②折床边：将被子靠近自己的一端向中间折，再折另一端。折好的被子宽度应与床栏杆或划出的记号一致。③折两边：将折好的长条形被子的两端向中间对折，然后再对折，叠出豆腐块形的被子。

【鉴定点分布】相关知识→生活管理→睡眠→叠被的指导方法

126. 为了方便管理，每个婴幼儿的服装应该有（　　）。

　　A. 正反面标记　　B. 班级标记　　C. 所在园标记　　D. 姓名标记

【解析】答案：D。

本题主要考查衣物寝具管理的内容。幼儿园衣物、寝具管理的内容：①保育员应熟知每个婴幼儿物品，做到心里有数。②每个婴幼儿的服装都要有标记，而且和衣橱的标记相一致。③帮助婴幼儿将脱下来的衣服放到固定的地方，并叠放整齐。④经常换洗的衣服、床单、枕巾、枕套可以一套一套叠起来，分类放到固定的地方，需要换洗的或请家长换洗的衣物、被褥，做到清点有数。物品少了及时寻找，多出的物品要放到固定的地方，以便物归原主。⑤保育员应检查婴幼儿的衣物是否有破损或坏衣扣现象，并及时修补或请家长帮忙解决。⑥为每个幼儿制作储物袋，把带来的东西放在袋里，以免丢失。

【鉴定点分布】相关知识→生活管理→物品保管→衣服寝具的管理内容

127. 《幼儿园工作规程》在第一章的第三条突出强调了幼儿园的教育目标是对学前儿童实施（　　）全面发展的教育，促进其身心和谐发展。

　　A. 体、智、德、美　　　　　　B. 智、德、体、美

　　C. 德、智、体　　　　　　　　D. 德、智、美、体

【解析】答案：A。

本题主要考查新时期我国学前教育的目标。《幼儿园工作规程》在第一章的第三条突出强调了幼儿园的教育目标是对学前儿童实施体、智、德、美全面发展的教育，促进其身心和谐发展。在第五条中，明确提出了我国幼儿园教育的具体目标即幼儿园保育和教育的主要目标是：促进幼儿身体正常发育和机能的协调发展，增强体质，培养良好的生活习惯、卫生习惯和参加体育活动的兴趣。

【鉴定点分布】基本要求→基础知识→婴幼儿教育学知识→新时期我国学前教育的目标

128. 炎热的夏季保育员应（　　），确保婴幼儿喝到足够的凉开水。

　　A. 打开饮水桶的盖子　　　　B. 将水桶放在通风处

　　C. 在水桶外面加一个保温套　　D. 提前晾好水

【解析】答案：D。

本题主要考查幼儿园饮用水的准备。幼儿园应在当天为全体婴幼儿准备温度适宜的温开水，做到随用随供应。保育员应能根据天气情况做好饮用水的控制。在天气炎热的季节，保育员应尽早打水，使水温降下来，确保婴幼儿喝到足够的凉白开。

【鉴定点分布】相关知识→生活管理→饮水→幼儿园饮用水的准备

129. 补充饮用水应注意（　　）。

    A. 让幼儿抬水　　　　　　B. 让幼儿旁观

    C. 避开幼儿　　　　　　　D. 放在幼儿活动区

【解析】答案：C。

本题主要考查准备饮用水的注意事项。准备饮用水的注意事项是：①开水不进教室。②幼儿喝水前应先放一两杯饮用水，并舍弃。③保育员应注意饮水时的安全，避免碰撞、绊倒和烫伤婴幼儿。

【鉴定点分布】相关知识→生活管理→饮水→准备饮用水的注意事项

130. 毛巾洗净消毒后应该（　　）。

    A. 重叠挂放　　B. 半重叠挂放　　C. 不挂放摞起来　　D. 彼此不重叠

【解析】答案：D。

本题主要考查准备毛巾的工作程序。①应用洗涤剂或洗衣粉清洗毛巾，清除污物。②用84消毒液或蒸汽消毒毛巾。③将毛巾挂在通风且有阳光处晾晒。④毛巾挂放的间距以相互间不重叠为宜。

【鉴定点分布】相关知识→生活管理→盥洗如厕→准备毛巾的程序

131. 给婴幼儿洗臀部应注意避免（　　）。

    A. 从后往前擦　　B. 洗湿裤子　　C. 提前排大便　　D. 提前排小便

【解析】答案：B。

本题主要考查婴幼儿盥洗的注意事项。为幼儿清洗臀部应注意从前向后擦洗，并且要避免洗湿裤子。清洗完毕应帮助婴幼儿穿好衣裤和鞋袜。

【鉴定点分布】相关知识→生活管理→盥洗如厕→婴幼儿盥洗的注意事项

132. 婴幼儿排大便后保育员的工作程序是（　　）。

    A. 擦大便、冲厕

    B. 擦大便、冲厕、洗手

    C. 擦大便、为婴儿穿裤子、冲厕、洗手

    D. 冲厕、洗手

【解析】答案：C。

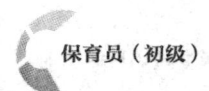

本题主要考查大小便的收尾工作。婴幼儿排大便后保育员应及时为婴幼儿擦拭干净，及时为他们穿上裤子，然后冲厕，洗手。保育员在照顾婴儿大小便后应冲厕、洗手，同时应督促独自大小便的幼儿便后冲厕、洗手。

【鉴定点分布】相关知识→生活管理→盥洗如厕→大小便的收尾工作

133. 婴幼儿的进餐环境应该（　　）。
   A. 阴暗　　　　B. 明亮　　　　C. 吵闹　　　　D. 多变

【解析】答案：B。

本题主要考查进餐的物质要求。进餐的物质环境要求主要是：①餐室清洁、明亮；餐桌椅高矮适中、清洁、位置固定。②餐室没有闲杂的陌生人。③餐具清洁、大小适中。④饭菜香气扑鼻、营养全面。

【鉴定点分布】相关知识→生活管理→进餐→进餐的物质环境要求

134. 保育员应每天用消毒剂擦拭（　　）。
   A. 水桶内侧　　B. 出水口　　　C. 水桶外侧　　D. 水桶盖子

【解析】答案：B。

本题主要考查饮水桶的清洁内容。清洗饮水桶应做到：①倒掉前一天的剩水。②每天用洗涤剂，定期用消毒剂清理和消毒饮水桶，做到里外都洗净。③用清水将水桶的里外漂洗干净。④每天用消毒剂擦拭水龙头和出水口，保证饮水桶清洁，无死角。

【鉴定点分布】相关知识→生活管理→饮水→饮水桶的清洗内容

135. 幼儿喝水时不应该（　　）。
   A. 安静喝　　　B. 小口喝　　　C. 小口尝试　　D. 说笑打闹

【解析】答案：D。

本题主要考查3岁以上幼儿的饮水方法。对于3岁以上幼儿应要求其独自接水、喝水。首先要求幼儿喝水前洗手，之后自己去拿杯子。接半杯水端回自己的座位，坐下安静地喝水，喝完再接。嘱咐幼儿在喝水时要小口尝试，避免烫嘴。若水烫，等水凉了后再喝。提醒幼儿喝水时不要说笑，防止呛咳。喝完后让幼儿将杯子放回原处。

【鉴定点分布】相关知识→生活管理→饮水→3岁以上幼儿饮水的照顾方法

136. 在做活动前准备和整理工作时，保育员要有强烈的（　　），应该把其看成是培养儿童良好的生活、卫生习惯的好机会，重视其中的教育价值。
   A. 责任感　　　B. 目标意识　　C. 劳动意识　　D. 工作意识

【解析】答案：B。

本题主要考查活动前准备和活动后整理的注意事项。活动前准备和活动后整理的注意事项：充分发挥活动的准备工作和活动后收拾整理工作对幼儿发展的重大意义。

《幼儿园工作规程》中指出，在幼儿园教育中，一日生活的各个环节都是教育过程。因此，保育员在活动前的准备和活动后的收拾工作中，要有强烈的目标意识，不能把它仅仅当作是劳动的过程，更应该把它看成是培养幼儿良好的生活、卫生习惯的好机会，重视其中的教育价值。保育员应处理好自己劳动和指导幼儿工作的关系。

【鉴定点分布】相关知识→配合教育活动→室内教育活动→活动前准备和活动后整理的注意事项

137. 纠正婴幼儿不正确的姿势，保育员平时的（　　）、督促、提醒显得尤为重要。

　　A. 教育　　　　B. 说教　　　　C. 观察　　　　D. 耐心

【解析】答案：C。

本题主要考查纠正幼儿不良姿势的注意事项。纠正幼儿不良姿势的注意事项之一是观察、督促、提醒。由于幼儿不正确的姿势是由长期习惯引起的，因此保育员平时观察、督促、提醒就显得尤为重要。在一日生活中，保育员应注意观察婴幼儿的表现，对其不正确的姿势，做到及时发现及时纠正。

【鉴定点分布】相关知识→配合教育活动→室内教育活动→纠正幼儿不良姿势的注意事项

138. 保育员在做记录时应该描述儿童的行为表现，而不是（　　）。

　　A. 记录儿童的行为表现　　　　B. 描述全班儿童的活动情况

　　C. 记录教师的教育情况　　　　D. 解释儿童的行为表现

【解析】答案：D。

本题主要考查保育工作记录的注意事项：①记录应客观真实地反映儿童活动的本来面目。保育员在做工作记录时，对儿童的活动情况，要如实地记录下来，而不能做主观的判断。即保育员做记录时应该描述儿童行为的表现，而不是解释儿童行为的表现。②记录要及时准确。配合教育活动时。保育员要养成随时记录的习惯，及时地把儿童活动的情况记录下来，以便活动结束后与教师共同分析儿童的表现，从而制定出更符合儿童实际的教育目标和活动内容。

【鉴定点分布】相关知识→配合教育活动→室内教育活动→保育员工作记录的注意事项

139. 当幼儿能够坚持使用正确的姿势时，保育员要（　　），使之形成习惯。

　　A. 加强日常检查和提醒　　　　B. 及时给予表扬和鼓励

　　C. 加强个别儿童的教育　　　　D. 加强小组教育

【解析】答案：B。

本题主要考查纠正婴幼儿不良姿势的程序。纠正婴幼儿不良姿势的程序是：①在各项活动和日常活动中认真观察婴幼儿的表现，及时发现并纠正不良的姿势。②针对幼儿姿势的不同情况，采取集体提醒、个别辅导的方式纠正婴幼儿不良姿势。③平时生活中，保育员应注意观察婴幼儿的行为表现，提醒婴幼儿保持正确的姿势。当婴幼儿能坚持正确的姿势时，保育员要及时给予表扬和鼓励，使之形成习惯。

【鉴定点分布】 相关知识→配合教育活动→室内教育活动→纠正婴幼儿不良姿势的工作程序

140. 纠正婴幼儿不正确姿势的步骤是（　　）、讲解要领、要求模仿、日常检查和提醒。

　　A. 纠正错误　　B. 总结　　C. 练习　　D. 示范

【解析】 答案：D。

本题主要考查纠正婴幼儿不良姿势的步骤。纠正婴幼儿不良姿势的步骤是：①示范。当婴幼儿做出不良姿势时，不应只是说某某写字头太低了，应该告诉孩子正确的写字姿势是什么样的，并做出正确的示范。②讲解要领。把正确姿势的完成过程和步骤向婴幼儿讲清楚，这需与示范动作结合在一起进行。③要求模仿。让婴幼儿按照保育员的正确姿势去做。④日常检查和提醒。平时生活中，保育员应注意观察婴幼儿的行为表现，提醒婴幼儿保持正确的姿势。

【鉴定点分布】 相关知识→配合教育活动→室内教育活动→纠正婴幼儿不良姿势的步骤

141. 保育员在协助教师组织婴幼儿活动中应（　　），配合教师做好各项工作。

　　A. 调动儿童的活动积极性　　B. 熟悉活动的内容与要求
　　C. 认真完成教师布置的临时任务　　D. 注意观察婴幼儿的反应

【解析】 答案：C。

本题主要考查协助教师组织幼儿活动的工作程序。协助教师组织幼儿活动的工作程序是：①活动前保育员应了解教育目标以及本次活动的教育意图，努力做到心中有目标、眼中有孩子。②熟悉活动内容与要求，做好安全和材料、设备的管理工作。③活动前督促幼儿如厕，帮助婴幼儿整理装束，发现问题及时解决。④在活动中注意观察婴幼儿的反应，及时了解他们的需要，适时地给予帮助和指导。⑤及时了解和领会教师的教育意图，能准确地贯彻执行教师的教育要求。⑥及时向教师反映婴幼儿的要求和情况，提醒婴幼儿遵守活动规则，完成活动要求。⑦认真完成教师布置的临时工作，配合教师做好各项工作。

【鉴定点分布】 相关知识→配合教育活动→室外教育活动→协助教师组织婴幼儿活动的工作程序

142. 身体姿势的正确与否，（　　）会产生极大的影响。

A. 对婴幼儿身体的正常生长发育　　B. 对婴幼儿的行为

C. 对婴幼儿的交友　　D. 对婴幼儿的习惯

【解析】 答案：A。

本题主要考查姿势的概念。姿势就是身体在坐、站、走、跑、卧时的习惯状态。幼儿阶段是骨骼、肌肉及身体各器官系统生长、发育的关键时期，身体姿势的正确与否，对其身体的正常发育会产生极大的影响。如果在这一阶段养成了不正确的姿势，不仅影响体态的美观，更会直接影响健康。例如，儿童经常斜坐，久而久之就会养成习惯，进而影响脊柱的正常生长、发育，造成脊柱侧弯，给其终身发展造成极大伤害。

【鉴定点分布】 相关知识→配合教育活动→室内教育活动→姿势的概念

143. 在指导学前儿童学习时，保育员应尊重学前儿童的学习特点，（　　），促进学前儿童主动地学习。

A. 做好充分的准备　　B. 接纳学前儿童在学习上的差异

C. 与教师共同配合　　D. 做好精神准备

【解析】 答案：B。

本题主要考查指导学前儿童学习活动时应注意的问题：①重视为学前儿童创设良好的学习环境。②充分发挥不同形式的活动在学前儿童学习中的作用，引导学前儿童在探索、体验的过程中学习。③尊重学前儿童的学习特点，接纳学前儿童在学习上的差异，促进学前儿童主动地学习。④重视良好的学习态度和浓厚的学习兴趣等非智力因素的培养。⑤选择合适的学习内容，充分尊重学前儿童的学习特点和认知规律。

【鉴定点分布】 基本要求→基础知识→相关法律法规知识→一日生活作息制度的有关要求

144. 按游戏中的创造性分，可以把游戏分为创造性游戏和（　　）两种。

A. 有规则的游戏　　B. 集体游戏

C. 教学游戏　　D. 活动性游戏

【解析】 答案：A。

本题主要考查创造性游戏的概念和种类。按游戏中创造性的程度分类，可以把游戏分成创造性游戏和有规则游戏两大类。创造性游戏是指儿童主动地、创造性地反映生活的游戏，包括角色游戏、结构游戏、表演游戏。

【鉴定点分布】 相关知识→配合教育活动→室外教育活动→创造性游戏的概念与种类

145. 体温表是用来（　　）的仪器。

A. 测量室温　　B. 测量室内湿度和温度

C. 测量户外温度　　D. 测量体温

【解析】答案：D。

本题主要考查体温表的概念。体温表是用来测量体温的仪器，又叫体温计。

【鉴定点分布】相关知识→安全工作→常规安全措施→体温表的概念

146. 有规则游戏是指在游戏中有（　　）的游戏。

　　　A. 目标　　　　B. 明确规则　　　　C. 结果　　　　D. 固定玩法

【解析】答案：B。

本题主要考查有规则游戏的概念和种类。有规则游戏是指在游戏中有明确规则的游戏，主要分为：音乐游戏、智力游戏、体育游戏。

【鉴定点分布】相关知识→配合教育活动→室外教育活动→有规则游戏的概念与种类

147. 对已经尿床的幼儿，保育员应该（　　）。

　　　A. 提醒幼儿排尿　　　　　　　B. 让幼儿自己清洗尿湿的衣物
　　　C. 批评幼儿　　　　　　　　　D. 让幼儿继续睡觉

【解析】答案：A。

本题主要考查照顾婴幼儿遗尿的方法。照顾婴幼儿遗尿的方法：①帮助幼儿换下尿湿的衣服。②迅速更换尿湿的被褥。③唤醒婴幼儿排尿。④安抚婴幼儿继续入睡。

【鉴定点分布】相关知识→生活管理→睡眠→照顾婴幼儿遗尿的方法

148. 保育员唤醒遗尿幼儿的态度要（　　）。

　　　A. 不耐烦　　　　B. 亲切和蔼　　　　C. 严肃　　　　D. 冷淡

【解析】答案：B。

本题主要考查处理遗尿的注意事项。处理遗尿的注意事项如下：①保育员唤醒婴幼儿排尿的声音要轻柔，应避免大声吵闹，以防影响其他婴幼儿的睡眠。同时，应尽量不引起未睡婴幼儿的关注，以保证遗尿婴幼儿的自尊心。②保育员处理婴幼儿遗尿的态度要和蔼、亲切，不应出现不耐烦、气愤、鄙视的态度，更不应大声批评幼儿。③保育员更换被褥和帮助婴幼儿换掉湿衣物的速度要快，避免婴幼儿着凉。

【鉴定点分布】相关知识→生活管理→睡眠→处理遗尿的注意事项

149. 做好转换环节的工作应注意（　　），一日生活有明确的规定，一旦孩子集中后马上转换等。

　　　A. 组织好转换环节　　　　　　B. 重视转换环节
　　　C. 尽量减少转换环节　　　　　D. 尽量增加转换环节

【解析】答案：C。

本题主要考查婴幼儿生活活动的组织与指导。我国幼儿园婴幼儿生活活动的组织与指导的主要内容是：①起床。②晨（午、晚）检。③晨练。④早（午、晚）餐（点）。⑤睡眠。⑥喝水和盥洗及如厕。⑦转换环节。其中转换环节是学前儿童一日生活各个环节之间的转换。当孩子从一个活动转向另一个活动时，如果他们不知道下面要做什么，不知道对他们有些什么要求时，他们很容易失去自控能力。因此，做好转换环节的工作是非常重要的，应注意以下几点：①尽量减少转换环节。②一日生活内容有明确的规定，使孩子知道这个环节结束后，下一个活动的内容等。③一旦孩子集中后，马上进行下一个活动。

【鉴定点分布】相关知识→配合教育活动→室外教育活动→婴幼儿生活活动的组织与指导

150. 玩具和材料是学前儿童游戏的（　　）。

　　A. 支持　　　　B. 物质基础　　　　C. 条件　　　　D. 教科书

【解析】答案：B。

本题主要考查指导幼儿园游戏时应注意的问题。指导幼儿园游戏时应注意的问题主要有以下两点：①保证学前儿童每日有充分的时间和空间进行游戏。②为学前儿童提供充足的游戏玩具和材料工具。玩具和材料是学前儿童游戏的物质基础。孩子的游戏离不开玩具，年龄越小，这种特点就越明显。研究表明，玩具和材料的提供与儿童的行为有着密切的关系。足够数量的玩具和材料还可以有效地减少儿童之间的争抢行为。因此，在投放新的玩具材料时，保育员应首先教会孩子正确的玩法，并教育孩子要爱护玩具。

【鉴定点分布】相关知识→配合教育活动→室外教育活动→指导幼儿园游戏时应注意的问题

151. 对有规则游戏的指导要求保育员做到（　　），激发游戏的情绪。

　　A. 了解幼儿的特点和需要　　　　B. 与教师互相配合

　　C. 精心设计和选择游戏　　　　D. 做好家长工作

【解析】答案：C。

本题主要考查有规则游戏的指导。有规则的游戏一般都是为了完成一定的教育任务而由成人编制的。要想更好地发挥其对儿童发展的作用，就要加强指导，因此保育员应做到以下几点：①精心设计和选择游戏。游戏是学前儿童基本的学习方式。认真观察了解孩子的发展需要和水平，明确发展的任务，是正确编制和选择游戏的关键。②激发游戏的情绪。激发学前儿童游戏的兴趣，让孩子在游戏的过程中产生愉快的感受。在游戏前，保育员应当了解儿童的游戏水平和特点，采用各种手段充分调动每个孩子参加游戏的兴趣和积极性，使他们能够愉快地参与到游戏当中来。

【鉴定点分布】相关知识→配合教育活动→室外教育活动→有规则游戏的指导

152. 一般来说，户外活动是儿童意外伤害的高发时间段，户外活动场地是儿童损伤的高发（   ）。

　　A. 空间　　　　B. 时间　　　　C. 频率　　　　D. 地点

【解析】 答案：D。

本题主要考查户外活动场所的安全。由于幼儿的运动机能不够完善，动作的协调能力不强，平衡性较差，动作的反应较迟缓，再加上幼儿所处环境的安全隐患，如高低不平的场地、冒出地面的小石头子、堆放的杂物等。所以，一般来说，户外活动是儿童意外伤害的高发时段，户外活动场地是儿童损伤的高发地点。因此，加强活动场所的安全，努力防止意外伤害发生，是幼儿园安全工作的一项重要内容。

【鉴定点分布】 相关知识→安全工作→常规安全措施→户外活动场所的安全

153. 通风是指室内空气与（   ）的流通。活动室通风形式主要有两种，一种是自然通风，另一种是人工通风。

　　A. 楼道空气　　B. 卧室空气　　C. 室外空气　　D. 盥洗室空气

【解析】 答案：C。

本题主要考查活动室的通风形式。通风是指室内空气与室外空气的流通。通过空气流动，引进室外的新鲜空气，排出室内因呼吸等原因产生的污浊空气，并调节室内的温度与湿度，保证室内有适宜的小气候，空气新鲜。活动室通风的形式主要有两种：一是自然通风，这是通风的主要形式，即利用自然风力、气流的通风形式；另一种是人工通风，是指利用电风扇等电器进行通风的方法。

【鉴定点分布】 相关知识→安全工作→常规安全措施→活动室的通风形式

154. 为保证婴幼儿的身心健康和发展。幼儿园的设备和用具都必须适合于婴幼儿的年龄特点，都必须符合（   ）。

　　A. 教师的要求　　　　　　B. 孩子的要求
　　C. 家长的要求　　　　　　D. 基本的卫生要求

【解析】 答案：D。

本题主要考查幼儿园设备和用具的卫生要求。幼儿园的各种设备和用具，是婴幼儿生活和开展活动所必需的物质条件。为了保证幼儿的身心健康和发展，这些设备和用具必须适合婴幼儿的年龄特点，符合基本卫生要求。主要包括：①玩具的卫生。②教具、文具和图书的卫生。③运动器械的卫生。④桌椅的卫生。⑤床和寝具的卫生。⑥橱柜的卫生。⑦饮食用具的卫生。⑧盥洗用具的卫生。

【鉴定点分布】 相关知识→安全工作→常规安全措施→设备和用具的卫生要求

155. 选购婴幼儿玩具时，（   ）是应重点注意的事项之一。

　　A. 避免选购对婴幼儿的身心健康可能会造成不良影响的玩具

B. 注意玩具是否牢固

C. 注意玩具的大小

D. 注意玩具是否是塑料制品

【解析】答案：A。

本题主要考查选购玩具时的注意事项。幼儿园玩具的基本要求是无毒、安全、牢固、耐玩、易于清洁和消毒，对幼儿身心发展能起到良好的促进作用。具体地说，选购玩具时应注意：①注意制作玩具的材料以及玩具表面的涂料是否含有毒性。②注意玩具的安全性。③注意玩具材料的易保洁性和易消毒性。④注意避免选购对婴幼儿的身心有不良影响的玩具。

【鉴定点分布】相关知识→安全工作→常规安全措施→选购玩具时应注意的事项

156. 婴幼儿起床后，应将自己的被子掀开，把贴身的部分暴露在外，然后离开寝室，保育员应开窗，通风换气（　　）分钟以后再将被子叠起。

A. 1　　　　B. 2　　　　C. 10　　　　D. 4

【解析】答案：C。

本题主要考查寝室卫生的要求。寝室是婴幼儿用于睡眠的场所，直接影响到婴幼儿的睡眠质量，因此，寝室的各项指标都应该符合卫生要求。寝室内应保持整洁、安静，经常开窗通风，保持空气流通、新鲜，应在幼儿进入寝室午睡前，开窗换气10分钟左右。婴幼儿起床以后应将自己的被子掀开，把贴身的部分暴露在外，然后离开寝室，保育员应开窗，通风换气10分钟，以后再将被子叠起，以保证婴幼儿的健康以及寝具、寝室的卫生。

【鉴定点分布】相关知识→安全工作→常规安全措施→寝室的卫生要求

157. 将普通肥皂削成（　　），蘸少许温水，慢慢塞入肛门，利用肥皂的机械刺激，引起排便。

A. 圆锥形　　B. 正方体　　C. 长方体　　D. 柱体

【解析】答案：A。

本题主要考查肥皂通便法。肥皂通便法是将普通肥皂削成圆锥形，蘸少许温水，慢慢塞入肛门，利用肥皂的机械刺激，引起排便。这是常用的简易通便法之一。

【鉴定点分布】相关知识→安全工作→防止意外伤害→肥皂通便法

158. （　　）一般分为药物降温和物理降温两种。

A. 降温措施　　B. 吃退烧药　　C. 人的体温　　D. 体温

【解析】答案：A。

本题主要考查物理降温法。物理降温法分为冷敷和酒精擦拭法。对于婴幼儿来说，物理降温的方法更安全，可以单独使用或配合药物降温使用。

【鉴定点分布】相关知识→安全工作→防止意外伤害→物理降温法

159. 在蹭破皮肤的处理中，首先要观察（　　），这是处理的步骤之一。
　　A. 伤口的深浅　　B. 皮肤　　C. 手　　D. 脚

【解析】答案：A。

本题主要考查蹭破皮肤的处理。婴幼儿在奔跑、跳跃、嬉闹时很容易蹭破膝盖、胳膊肘，夏天尤为常见。处理时应注意三点：①如果伤口较浅，只要将泥沙清理干净即可。②如果伤口较深有出血，应用盐水或生理盐水清理伤口，并用酒精消毒。③若伤势严重，应送医院治疗。

【鉴定点分布】相关知识→安全工作→防止意外伤害→蹭破皮肤的处理

160. 在挤伤的处理中，如果指甲掀开或脱落，应（　　）。
　　A. 用布包扎　　B. 晾干　　C. 立即去医院　　D. 用棉花包扎

【解析】答案：C。

本题主要考查挤伤的处理。婴幼儿手指经常被门、抽屉挤伤，严重时可出现指甲脱落现象，处理时应注意三点：①如果没有破损，可用水清洗，进行冷敷。②如果出血，应消毒、包扎、冷敷（以减轻痛苦）。③如果指甲掀开或脱落，应立即送医院处理。

【鉴定点分布】相关知识→安全工作→防止意外伤害→挤伤的处理

161. 职业的特征包括两个方面：一是谋生手段，即必需性；二是职责特定，即（　　）
　　A. 劳动性　　B. 发展性　　C. 专门性　　D. 职业性

【解析】答案：C。

本题主要考查职业特征。职业特征主要包括两个方面：一是谋生手段，即必需性；二是职责特定，即专门性。

【鉴定点分布】基本要求→职业道德→职业道德基础知识→职业的特征

162. （　　）是婴儿寻求并企图保持与另一个人亲密的身体和情感联系的一种倾向。
　　A. 合作　　B. 依恋　　C. 快乐　　D. 恐惧

【解析】答案：B。

本题主要考查婴幼儿的基本情绪。依恋是婴幼儿基本情绪之一，是指孩子对某人特别亲热而不愿意离开的情绪。小班的依恋还常常表现在身体的接触方面，如喜欢依偎着大人，离开母亲产生"分离焦虑"。中、大班的幼儿依恋已发展为以精神上的依恋为主，满足于成人的经常关注、和大人一起玩，以及大人对他们的信任等。

【鉴定点分布】基本要求→基础知识→婴幼儿心理学知识→幼儿的基本情绪

163. 保育员工作的对象是（　　），敏感、活跃又易受外界影响，可塑性很强的学前儿童。

  A. 各方面都尚未定型　　　　　　B. 3～6 岁
  C. 0～6 岁　　　　　　　　　　　D. 比较脆弱

【解析】答案：A。

本题主要考查保育员职业道德的重要作用。保育员职业道德的重要作用之一是：保育员工作的对象和工作环境要求保育员必须具有高尚的职业道德。因为保育员的工作对象是各方面都尚未定型、敏感、活跃又易受外界影响，可塑性很强的学前儿童。

【鉴定点分布】基本要求→职业道德→职业道德基础知识→保育员职业道德的作用

164. 锻炼婴幼儿腕骨的较好方式是（　　）。

  A. 搬重物　　　B. 弹钢琴　　　C. 捏泥　　　D. 掰腕子

【解析】答案：C。

本题主要考查婴幼儿腕骨的保育。婴幼儿腕骨的保育方法：①婴幼儿使用的玩具宜轻不宜重。②婴幼儿从事的手部游戏不宜过于细腻，时间不宜过长，如折纸、用剪刀、写字绘画、弹钢琴等。③保育员不能强迫幼儿搬运力所不能及的重物或从事成人的劳动，如搬运幼儿园的桌椅、运动器械、幼儿的被褥、全班的饭菜等。④应适当锻炼幼儿的掌、指骨，如撕纸、捏泥等。

【鉴定点分布】基本要求→基础知识→婴幼儿生理学知识→腕骨的保育

165. 为了保持脊柱的健康，婴幼儿负重不得超过体重的（　　）。

  A. 1/5　　　B. 1/8　　　C. 1/10　　　D. 1/20

【解析】答案：C。

本题主要考查脊柱的保育。脊柱的保育方法是：培养婴幼儿良好的体姿。婴幼儿的生活用品应该符合健康的要求。婴幼儿不应睡软床。婴幼儿负重不得超过体重的 1/10。婴幼儿应背双肩带的书包等。

【鉴定点分布】基本要求→基础知识→婴幼儿生理学知识→脊柱的保育

166. 保育员必须要一视同仁地尊重和对待每位家长，（　　），这也是教育公正的要求之一。

  A. 教育好每位家长　　　　　　B. 与其建立诚挚平等的关系
  C. 满足家长的要求　　　　　　D. 做好家长工作

【解析】答案：B。

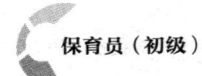

本题主要考查尊重家长，热情服务的基本要求。家园共育是促进学前儿童全面、和谐发展的重要保证。保育员在施教的过程中，必须取得家长的理解、支持和配合。保持家园协调一致，使学前儿童全方位地接受正面教育，会收到事半功倍的效果。要做到这点，一方面要加强与家长的交流，在此过程中可以全面了解学前儿童的情况，了解其成长环境；另一方面要认真并善于听取家长的意见和建议，使其能积极参与到教育孩子的过程中，更好地配合幼儿园开展工作。保育员必须要一视同仁地尊重和对待每位家长，与其建立诚挚平等的关系，这也是教育公正的要求之一。

【鉴定点分布】基本要求→职业道德→职业守则→尊重家长，热情服务的基本要求

167.（　　）有利于胃的健康。

　　A. 大量吃冷饮　　B. 细嚼慢咽　　C. 汤泡饭　　D. 吃得过饱

【解析】答案：B。

本题主要考查婴幼儿胃的保育。婴幼儿胃的保育方法是：①婴幼儿正处于生长发育最旺盛的时期，对营养和热能的需要最都较大，所以婴幼儿的膳食应该少食多餐，在一日三餐以外，还应有1~2次的加餐。②为了减少溢奶的出现，喂奶后应让婴儿趴在成人的肩头，轻拍婴儿的后背，让其打嗝排出咽下的空气，然后再放其躺下。如果采用人工喂养，奶瓶的倾斜度应大些，使奶液全部充满奶嘴处，避免婴儿吞入大量的空气。③提醒幼儿吃东西时细嚼慢咽，不给幼儿吃汤泡饭，应避免幼儿饭前大量饮水，并控制其甜味饮料的饮用量。

【鉴定点分布】基本要求→基础知识→婴幼儿生理学知识→婴幼儿胃的保育

168. 让婴幼儿说话时（　　），可降低发生发育性口吃的可能性。

　　A. 紧张　　　　　　　　B. 放松

　　C. 担心　　　　　　　　D. 过分担心自己的语言

【解析】答案：B。

本题主要考查幼儿口吃的预防与矫治。幼儿口吃现象常常是由于心理原因和幼儿模仿等引起的。因为说话的过程是表达思想的过程，即从"思想"转化成语言的过程，幼儿可能会由于找不到合适的词和更好的表达方式而感到焦急不安，精神变得紧张。因此，保育员应正确对待发育性口吃，不要使幼儿对说话感到紧张和不安。应用平静缓和的语气与幼儿说话，引导幼儿不要着急、慢慢地说，绝不要对幼儿口吃现象进行指责或强行纠正。

【鉴定点分布】基本要求→基础知识→婴幼儿生理学知识→发育性口吃的预防与矫治

169. 对待婴幼儿习惯性阴部摩擦的态度为（　　）。

　　A. 批评　　　B. 羞辱　　　C. 转移注意力　　D. 恐吓

【解析】答案：C。

本题主要考查习惯性阴部摩擦的预防与矫治：①帮助幼儿形成良好的生活、卫生习惯。经常给幼儿清洗外阴，保持外阴部位的清洁。②帮助幼儿养成上床后就入睡、醒来后就起床的良好习惯。不要让幼儿躺在床上玩耍。③给幼儿穿的裤子不要过紧过小，以免引起幼儿的不适感。幼儿在睡觉时，可以让幼儿穿上较长的上衣，使幼儿不能用手直接触及性器官。幼儿抚弄性器官本属无知，成年人应该表现出对幼儿的这种行为不太关注，同时，要以转移注意力的方式，来使幼儿放弃这种行为。例如给幼儿玩具玩，吸引幼儿去参加其他的活动等。

【鉴定点分布】基本要求→基础知识→幼儿生理学知识→习惯性阴部摩擦的预防与矫治

170. 维生素 B_1 不存在于（　　）。

A. 谷类　　　B. 硬果类　　　C. 豆类　　　D. 脂肪

【解析】答案：D。

本题主要考查维生素 B_1 的来源。维生素 B_1 的作用是增进食欲，帮助食物的消化吸收，维持神经系统的正常功能。缺乏维生素 B_1 易患脚气病。维生素 B_1 存在于谷类、豆类、硬果类、酵母、动物内脏中。谷类的维生素 B_1 主要存在于谷皮和胚芽里，所以吃过于精细的食物不利于维生素 B_1 的摄取。

【鉴定点分布】基本要求→基础知识→婴幼儿生理学知识→维生素 B_1 的来源

171. 下列属于高烧护理方法的是（　　）。

A. 腹部保暖　　B. 多晒太阳　　C. 增加活动量　　D. 监测体温

【解析】答案：D。

本题主要考查高烧的护理方法。高烧的护理方法是：①监测体温。每 2 小时给婴幼儿测试体温一次，若体温达到 37.5℃ 为发烧。②服退烧药退烧。当婴幼儿高烧时，应服退烧药，4 小时服一次。③物理降温。可采用冷敷、酒精擦拭或洗温水澡的方式退烧。④卧床休息，多喝水。饮食有营养，易消化。⑤开窗通风。保持室内空气新鲜。

【鉴定点分布】基本要求→基础知识→婴幼儿生理学知识→高烧的护理方法

172. 下列属于幼儿观察力特点的是（　　）。

A. 观察持续的时间较短

B. 观察的目的性较强，不容易受外界新异刺激的干扰并能持久

C. 观察持续的时间较长

D. 能够很容易注意事物的内在联系

【解析】答案：A。

本题主要考查幼儿观察力的特点。幼儿观察力的特点是：观察的有意性较差，容

易受外界新异的刺激干扰而不能持久,而且受情绪影响很大,缺乏一定的系统性,观察得不仔细,很容易注重事物外表的明显特征,观察的概括性差,不善于在整个事物中发现内在的联系。

【鉴定点分布】基本要求→基础知识→婴幼儿心理学→幼儿观察力特点

173. 下列属于幼儿记忆特点的是(   )。

　　A. 记忆准确
　　B. 记忆的精确性差
　　C. 有意记忆占优势,无意记忆开始发展
　　D. 有意记忆的效果好

【解析】答案:B。

本题主要考查幼儿记忆的特点。幼儿记忆的特点包括:①无意记忆占优势。②形象记忆效果好。③记忆的精确性差。④记得快忘得快。

【鉴定点分布】基本要求→基础知识→婴幼儿心理学→幼儿记忆的特点

174. (   )为婴儿大便的预兆。

　　A. 没反应　　　　　　　　B. 排臭气
　　C. 语言提示成人　　　　　D. 固定姿势

【解析】答案:B。

本题主要考查婴幼儿大小便的预兆。保育员应及时发现婴幼儿大小便的预兆,及时提醒或抱其坐盆排便。婴幼儿在排大便前,常排出有臭味的气体,同时伴有身体用力的动作和发出使劲的声音,保育员应及时将婴幼儿放在便盆上。婴幼儿排小便前也会出现如打冷战等反应,保育员对这些信号应十分敏感,及时帮助婴幼儿脱掉裤子,坐盆排尿。

【鉴定点分布】相关知识→生活管理→盥洗如厕→婴幼儿大小便的预兆

175. 婴幼儿正确的读写姿势应该是端坐于桌前,身体离桌(   )。

　　A. 一尺远　　　B. 半尺远　　　C. 一拳远　　　D. 两拳远

【解析】答案:C。

本题主要考查常见的婴幼儿正确姿势。常见的婴幼儿正确姿势包括六种:①婴幼儿正确的坐姿。②婴幼儿正确的站姿。③婴幼儿正确的走姿。④婴幼儿正确的跑姿。⑤婴幼儿正确的读写姿势。⑥婴幼儿正确的卧姿。而婴幼儿正确的读写姿势是:端坐于桌前,身体离桌子一拳远,眼睛离书本一尺远,书写时,一只手握在离笔端半寸左右的距离上,另一只手自然地扶着书本。

【鉴定点分布】相关知识→配合教育活动→室内教育活动→常见的婴幼儿的正确姿势

176. （　　）与成人的关系主要表现在亲子关系和师生关系上。
    A. 家庭　　　B. 幼儿　　　C. 教师　　　D. 幼儿园

【解析】答案：B。

本题主要考查幼儿与成人的关系。幼儿与成人的关系主要体现在幼儿与父母和幼儿与保育员两方面上。这两方面对幼儿心理的发展都有很大的影响。幼儿与父母之间的亲子交往是人际关系的开始。幼儿进入幼儿园后，保育员就成为幼儿在家庭以外接触最多的成年人。这时，师生关系便开始建立。在幼儿的眼里，成人知道的东西太多，是他们心目中的权威；他们特别愿意亲近保育员，希望得到肯定、认可和称赞，希望成人分享他们的快乐。在幼儿园里，成人是帮助他们学习群体生活技巧的人。

【鉴定点分布】基本要求→基础知识→婴幼儿心理学知识→幼儿与成人的关系

177. 保育员协助教师组织婴幼儿活动应了解教育目标以及本次活动的教育意图，努力做到心中有目标，（　　）。
    A. 调动儿童的活动积极性　　　B. 与儿童共同游戏
    C. 眼中有孩子　　　　　　　　D. 加强与教师的沟通

【解析】答案：C。

本题主要考查协助教师组织婴幼儿活动的工作程序。协助教师组织婴幼儿活动的工作程序包括：①活动前保育员应了解教育目标以及本次活动的教育意图，努力做到心中有目标，眼中有孩子。②熟悉活动的内容与要求。做好安全和材料、设备的管理工作。③活动前督促婴幼儿如厕。帮助婴幼儿整理装束，发现问题及时解决。④在活动中注意观察婴幼儿的反应，及时了解他们的需要，适时地给予帮助和指导。⑤及时了解和领会教师的教育意图，能准确地贯彻和执行教师的教育要求。⑥及时向教师反映婴幼儿的要求和情况，提醒婴幼儿遵守活动规则，完成活动要求。⑦认真完成教师布置的临时工作，配合教师做好各项工作。

【鉴定点分布】相关知识→配合教育活动→室外教育活动→协助教师组织婴幼儿活动的工作程序

178. 学前儿童的好奇、好问不光表现在爱问问题上，还表现在（　　）上。
    A. 喜爱读书　　　　　　　　　B. 喜爱模仿
    C. 喜欢动手尝试和探索　　　　D. 游戏

【解析】答案：C。

本题主要考查学前儿童的认识和理解。学前儿童的认识和理解应包括以下几个方面：①身体娇嫩、发展迅速的学前儿童。②活泼好动、热爱游戏的学前儿童。③喜爱模仿、勇于实践的学前儿童。④好奇好问、喜欢探索的学前儿童。⑤个性独特、充满差异的学前儿童。而学前儿童的好奇、好问不光表现在爱问问题上，还表现在喜欢动

手尝试和探索上。

【鉴定点分布】基本要求→基础知识→婴幼儿教育学知识→学前儿童的认识和理解

179. 幼小衔接工作的任务是使儿童能够尽快地适应新生活和（　　）。
   A. 培养孩子的学习兴趣　　　　B. 喜欢上学
   C. 为儿童的终身发展服务　　　D. 提高儿童的学习成绩

【解析】答案：C。

本题主要考查衔接工作的任务和意义。在我国，幼儿园与小学分属两个不同的学段，既有各自独特的教育任务，又有非常密切的联系。因此，我国的幼小衔接任务是：使儿童能尽快地适应新的生活和为儿童的终身发展服务。

【鉴定点分布】基本要求→基础知识→婴幼儿教育学知识→幼小衔接工作的意义和任务

180. 保育员应至少（　　）擦拭一次窗户。
   A. 1个月　　　B. 1个星期　　　C. 2个月　　　D. 2个星期

【解析】答案：D。

本题主要考查活动室扫除的规则。在我国《托儿所、幼儿园卫生保健制度》中，环境卫生规定：要建立健全的室内环境清扫制度，每天一小扫，每周一大扫。分片包干，定人、定点、定期检查。要消灭蚊、蝇、蟑螂等害虫。扫除的规则为：每月至少擦拭两次窗户、墙壁、家具、灯具，每天至少擦拭一次窗台、玩具柜、游戏角等。除每天对地面和桌面进行扫除外，还应进行若干次的擦拭。

【鉴定点分布】相关知识→清洁消毒→消毒→活动室扫除规则

181. 儿童抽象思维开始萌发的时期是（　　）岁。
   A. 0～1　　　B. 1～3　　　C. 3～4　　　D. 5～6

【解析】答案：D。

本题主要考查抽象逻辑思维。抽象逻辑思维是依靠词所代表的概念以及判断、推理来进行的思维，它反映的是事物的共同本质属性和规律性联系，它是人类所特有的思维方式。抽象逻辑思维是在低级思维形式的基础上逐渐形成的。幼儿晚期（大班），开始出现抽象逻辑思维的萌芽。例如，保育员讲故事时，幼儿仅可以凭借保育员的讲述，无须借助图片，也能理解故事的情节。对于一些问题，幼儿也能互相讨论、交流。这些都表现出他们抽象逻辑思维的能力。

【鉴定点分布】基本要求→基础知识→婴幼儿心理学知识→抽象逻辑思维

182. 便池应该重点擦拭的地方是下水管道口（　　）厘米处。
   A. 2　　　B. 5　　　C. 8　　　D. 10

【解析】答案：D。

本题主要考查便池的清洁方法。便池的清洁方法是首先冲便池。然后用漂白粉乳剂浸泡，刷洗便池。在下水管道10厘米处，应重点擦拭，做到无尿碱，无臭味。

【鉴定点分布】相关知识→清洁消毒→环境卫生→便池的清洁方法

183. 按活动的（　　）分，可以把幼儿的一日生活分为生活活动、学习活动、游戏活动三部分。

　　A. 时间　　　　B. 内容　　　　C. 性质　　　　D. 地点

【解析】答案：B。

本题主要考查婴幼儿一日生活的内容。婴幼儿一日生活的内容按活动的内容可分为生活活动、学习活动、游戏活动三部分。

【鉴定点分布】相关知识→配合教育活动→室外教育活动→婴幼儿一日生活的内容

184. （　　）可避免溢奶。

　　A. 吃奶后让婴儿立即躺在床上
　　B. 吃奶后让婴儿蹦跳
　　C. 吃奶后让婴儿睡觉
　　D. 吃奶后让婴儿趴在成人肩头，轻拍其后背

【解析】答案：D。

本题主要考查婴幼儿胃的保育。婴幼儿胃的保育方法之一是减少溢奶的出现。婴儿常发生溢奶，这是因为婴儿胃的上口较松弛，而且胃又呈水平状，当婴儿吞咽下空气时，奶就容易随着打嗝流出口腔，这就是溢奶。为了减少溢奶的出现，喂奶后应让婴儿趴在成人的肩头，轻拍婴儿的后背，让其打嗝排出咽下的空气，然后再放其躺下。如果采用人工喂养，奶瓶的倾斜度应大些，使奶液全部充满奶嘴处，避免婴儿吞入大量的空气。

【鉴定点分布】基本要求→基础知识→婴幼儿生理学知识→婴幼儿胃的保育

185. 为了防止发生低血糖，婴幼儿的早餐应（　　）。

　　A. 吃一些粮食　　　　B. 只吃肉
　　C. 不吃　　　　　　　D. 只吃鸡蛋

【解析】答案：A。

本题主要考查婴幼儿肝脏的特点。婴幼儿肝脏的特点是肝脏发育不完善，分泌胆汁少，对脂肪的消化能力差。肝脏的解毒能力差。肝脏储存糖原少，在婴幼儿饥饿时，容易出现"低血糖"，表现为心慌、出冷汗、无力、有饥饿感，甚至出现"低血糖休克"。保育方法是：①为婴幼儿准备的膳食不应过于油腻。②应重视婴幼儿的早点，如果进食量过少，婴幼儿不到中午就可能出现低血糖的现象；如果早餐以蛋白质代替主

食，也会发生低血糖。因此，为了防止发生低血糖，婴幼儿的早餐应吃一些粮食。

【鉴定点分布】基本要求→基础知识→婴幼儿生理学知识→婴幼儿肝脏的特点

186. 门把手、桌椅等应用浓度为（　　）的"洗消净"消毒。

　　A. 0.8%　　　　B. 1%　　　　C. 0.2%　　　　D. 0.5%

【解析】答案：D。

本题主要考查门把手的消毒方法。一般来说，门把手的消毒，每天用0.5%的洗消净或84消毒液，擦拭2～3遍，且滞留10分钟。

【鉴定点分布】相关知识→清洁消毒→消毒→桌椅、门把手的消毒方法

187. 婴幼儿被套的拆洗时间是每月（　　）次。

　　A. 1　　　　　B. 2　　　　　C. 3　　　　　D. 4

【解析】答案：A。

本题主要考查床单被褥的消毒方法。一般来说，幼儿园对被褥的消毒方法是：每两周换洗床单、枕巾一次，日托每月一次。被褥每月晒一次，拆洗被套一次。以确保床单被褥的清洁。

【鉴定点分布】相关知识→清洁消毒→消毒→床单被褥的消毒方法

188. 对水杯消毒可以使用84消毒液浸泡（　　）分钟。

　　A. 2～3　　　B. 6～7　　　C. 5～10　　　D. 30

【解析】答案：C。

本题主要考查水杯的消毒方法。水杯的消毒方法是：①用百洁布擦拭杯口、杯内（蘸去污粉或洗涤灵），用小刷子刷洗杯子把手。②用流动水冲干净。③用0.5%的洗消净或84消毒液浸泡5～10分钟（煮沸15～30分钟，蒸汽10～15分钟），用流动水冲洗干净。

【鉴定点分布】相关知识→清洁消毒→消毒→水杯的消毒方法

189. 发现运动器械破损、脱落、变锈等现象时应立即停止使用并加以修理。对器械要定期进项检修、加强安全和（　　）等。

　　A. 人工管理　　B. 卫生管理　　C. 专人负责管理　　D. 清洁管理

【解析】答案：D。

本题主要考查婴幼儿运动器械的卫生要求。婴幼儿运动器械的卫生要求是：坚固、耐用、光滑、使用安全；高矮、大小、坡度等均适合婴幼儿的年龄特点，有利于婴幼儿的身心健康和发展。在婴幼儿每次活动之前，要仔细检查器械的关键部位是否安全，防止发生意外伤害。当发现运动器械有破损、脱落、变锈等现象时，应立即停止使用该器械，并及时加以处理。对器械要定期进行检修，加强安全和清洁管理等。

【鉴定点分布】相关知识→安全工作→常规安全措施→婴幼儿运动器械的卫生要求

190. 使用石灰乳消毒粪便的时间是（　　）小时。

  A. 1   B. 2   C. 3   D. 4

【解析】答案：D。

本题主要考查石灰的使用方法。一般情况下，对粪便的消毒可用10%～20%石灰乳剂对肠道传染病病人的粪便进行消毒。使用方法是1份粪便加2份石灰乳，消毒4小时，即可达到消毒的目的。

【鉴定点分布】相关知识→清洁消毒→消毒→石灰的使用方法

191. 酒精擦拭降温法是用70%的酒精或白酒加水（　　）倍稀释，然后用小毛巾浸泡后擦腋下、肘部、颈部两侧等处。

  A. 2   B. 3   C. 1   D. 4

【解析】答案：C。

本题主要考查高烧的护理方法。发烧是人体的一种防御反应，但发高烧就需要采取降温的措施。降温措施一般分为药物降温和物理降温两种。对于婴幼儿来说，物理降温的方法更安全，尤其是6个月以下的乳儿，应采用物理降温的方法。酒精擦拭法是物理降温的方法之一，酒精易于挥发，能较快地使体内的热量发散。步骤如下：①将70%的酒精或白酒加水1倍稀释。②用小毛巾浸泡后擦腋下、肘部、颈部两侧等处。

【鉴定点分布】基本要求→基础知识→婴幼儿生理学知识→高烧的护理方法

192. 保育员需要照顾（　　）的婴幼儿喝水。

  A. 6岁   B. 5岁   C. 4岁以下   D. 3岁以下

【解析】答案：D。

本题主要考查3岁以下婴幼儿的照顾方法。3岁以下幼儿饮水的照顾应按照以下步骤进行：①保育员应将温度和水量适中的水倒入婴幼儿的杯中，放置在婴幼儿面前。②嘱咐婴幼儿轻轻端起水杯，缓缓地倾斜水杯，一口一口地将水喝下。③帮助或提醒婴幼儿把嘴擦干净。

【鉴定点分布】相关知识→生活管理→饮水→3岁以下婴幼儿饮水的照顾方法

193. 给婴幼儿点眼药的方法是（　　）。

  A. 用左手食指、拇指用力分开婴幼儿上下眼皮，让他向上看，把药滴在下眼皮内，每次3～4滴

  B. 用左手食指、拇指轻轻分开婴幼儿上下眼皮，让他向上看，把药滴在下眼皮内，每次3～4滴

C. 用左手食指、拇指轻轻分开婴幼儿上下眼皮，让他向下看，把药滴在下眼皮内，每次1~2滴

D. 用左手食指、拇指用力分开婴幼儿上下眼皮，让他向上看，把药滴在下眼皮内，每次1~2滴

【解析】答案：C。

本题主要考查给婴幼儿滴眼药的方法：①保育员先把手洗净，用干毛巾把婴幼儿眼部的分泌物擦干净。②核对药名。③用左手食指、拇指轻轻分开婴幼儿上下眼皮，让他向下看，把药滴在下眼皮内，每次1~2滴。④用拇指、食指轻提上眼皮，嘱咐婴幼儿转动眼球，使药液均匀地布满眼内。眼药膏宜在睡前涂用。

【鉴定点分布】相关知识→生活管理→晨检与体检→给婴幼儿滴眼药的方法

194. 给婴幼儿滴鼻药的方法是（   ）。

A. 让婴幼儿仰卧，肩下垫个枕头，头尽量后仰，点1~2滴药液，然后起来

B. 让婴幼儿仰卧，使鼻孔朝上，点3~4滴药液，轻揉鼻翼使药分布均匀，过一会儿再起来

C. 让婴幼儿仰卧，肩下垫个枕头，头尽量后仰，点3~4滴药液，轻揉鼻翼使药分布均匀，过一会儿再起来

D. 让婴幼儿仰卧，肩下垫个枕头，头尽量后仰，使鼻孔朝上，点1~2滴药液，轻揉鼻翼使药分布均匀，过一会儿再起来

【解析】答案：D。

本题主要考查给婴幼儿滴鼻药的方法。给婴幼儿滴鼻药的方法是让婴幼儿仰卧，肩下垫个枕头，头尽量后仰，使鼻孔朝上，这样可以避免药液通过鼻、咽部流到口腔。一手拿药瓶，在距鼻孔2~3厘米处将药液滴至鼻孔，每侧2~3滴药液，轻按压鼻翼，使药液均匀接触鼻腔黏膜。保持原姿势3~5分钟。

【鉴定点分布】相关要求→生活管理→晨检与体检→给婴幼儿滴鼻药的方法

195. 给婴幼儿滴耳药的方法是（   ）。

A. 让婴幼儿侧着躺，病耳向上，并向下、向后轻拉耳垂，使外耳道伸直，用干净的棉花签把外耳道内的脓液擦干净，滴入1~2滴药液，轻轻按揉耳屏使药液分布均匀

B. 让婴幼儿仰着躺，用干净的棉花签把外耳道内的脓液擦干净，滴入1~2滴药液，轻轻按揉耳屏使药液分布均匀

C. 让婴幼儿仰着躺，病耳向上；并向下、向后轻拉耳垂，使外耳道伸直，用干净的棉花签把外耳道内的脓液擦干净，滴入3~4滴药液，轻轻按揉耳屏使药液分布均匀

D. 让婴幼儿侧着躺，病耳向上，并向下、向后轻拉耳垂，使外耳道伸直，滴入1～2滴药液，然后起身

【解析】答案：A。

本题主要考查给婴幼儿滴耳药的方法：①让婴幼儿侧卧，使病耳向上。②用棉花棍擦耳道，再滴药。③一手牵拉耳廓，使外耳道变直，滴入2～3滴药液，轻轻按揉耳屏使药液分布均匀。④滴药后保持原姿势3～5分钟。

【鉴定点分布】相关要求→生活管理→晨检与体检→给婴幼儿滴耳药的方法

196. 同伴交往在幼儿发展中的作用主要表现在：①可以满足幼儿的心理需要。②有助于幼儿（　　）。③有助于发展幼儿的自我意识。

　　A. 认识他人　　　　　　　　B. 认识自己
　　C. 认知能力的发展　　　　　D. 生理需要

【解析】答案：C。

本题主要考查幼儿与同龄伙伴的关系。幼儿与同龄伙伴的关系之一是同伴交往在幼儿发展中的作用。幼儿之间的交往对他们社会性的发展起着十分重要的作用。因为它为幼儿提供了一种全新的社会交往经验，幼儿之间的交往是在平等基础上进行的交往，而不是与成人那种"居高临下"、不对等的关系。在幼儿心理发展上，幼儿之间的交往比与成人之间的交往具有更为重要的意义。这对他们学会在平等基础上协调各种关系、发展交往能力、全面认识社会生活、提高社会适应能力是极为重要的。同伴交往在幼儿发展中的作用主要表现在：①同伴交往可以满足幼儿的心理需要。②同伴交往有助于幼儿认知能力的发展。③同伴交往有助于发展幼儿的自我意识。

【鉴定点分布】基本要求→基础知识→婴幼儿心理学知识→幼儿与同龄伙伴的关系

197. 肥胖症容易使幼儿产生（　　）。

　　A. 孤独感　　　　　　　　　B. 合群感
　　C. 容易被孩子们接受的感觉　D. 愉快感

【解析】答案：A。

本题主要考查婴幼儿肥胖的危害。肥胖症是指体内脂肪积存使体重超过正常20%以上的营养过剩性疾病，超过标准体重20%～30%者为轻度肥胖症；超过30%～50%者为中度肥胖症；超过50%以上者为高度肥胖症。婴幼儿肥胖的危害是：①身体肥胖，动作笨拙，不美观。②对健康不利。肥胖可导致扁平足，行走容易腰痛、腿痛。腹部脂肪过多，影响呼吸。脂肪堆积在血管壁、肝脏上容易造成脂肪肝、高血脂，并成为动脉硬化的隐患。③肥胖的幼儿容易产生饥饿感，而影响其专心学习新知识、新本领。④肥胖儿容易存在心理问题。由于肥胖儿身体不灵活，在正常幼儿的游戏中是不受欢迎的角色。因此，肥胖儿往往孤独、自卑，甚至存在其他方面的心理异常。

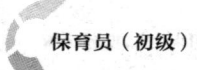

【鉴定点分布】基本要求→基础知识→婴幼儿生理学知识→婴幼儿肥胖的危害

198. （ ）可以在人体中转化为维生素A。

　　　A. 柿子　　　B. 白面　　　C. 香蕉　　　D. 土豆

【解析】答案：A。

本题主要考查补充维生素A的常识。维生素A能保持人体的正常视觉功能，缺乏会患夜盲症。维生素A只存在于动物性食物中，肝、肾、蛋黄、乳类含维生素A丰富。某些植物性食物含有丰富的胡萝卜素，胡萝卜素可以转化为维生素A，这些植物性食物是红黄色、深绿色的蔬菜、水果，如胡萝卜、辣椒、菠菜、豌豆苗、红心甘薯、杏、柿子等，但吸收和转化的比例较低。

【鉴定点分布】基本要求→基础知识→婴幼儿生理学知识→补充维生素A的常识

199. 遗传素质是个体发展的物质基础，为个体的发展提供了（　　）。

　　　A. 可能性　　　B. 必要性　　　C. 差异性　　　D. 共同性

【解析】答案：A。

本题主要考查影响学前儿童身心发展的因素。对学前儿童发展有重大影响的学前儿童自身方面的因素，主要为遗传素质和个人特点。其中遗传素质是人从祖先那里继承的、通过遗传物质DNA传递的解剖生理方面的特点，如人的肤色、体形、五官、身高、神经组织的类型等。①遗传素质是人发展的物质基础，为人的发展提供了可能性。人正常的生理、心理活动必须以正常的遗传素质为基础。例如，一个先天的盲人不可能成为画家，一个无脑畸形儿也不可能成为思想家。②遗传素质还对人身体的各器官、系统的成熟时间进行控制。③遗传素质的差异还可能带来儿童发展上的差异。这种差异对儿童的智慧、个性、能力等方面的发展产生影响，形成不同的个体差异。④遗传素质虽然对学前儿童的发展起重要作用，但它不能单一地决定儿童的发展。

【鉴定点分布】基本要求→基础知识→婴幼儿教育学知识→影响学前儿童身心发展的因素

200. 指导幼儿发餐具应以（　　）为原则。

　　　A. 幼儿的要求　　B. 自我服务能力　　C. 父母的要求　　D. 婴幼儿心理特点

【解析】答案：B。

本题主要考查分发餐具的原则。分发餐具的原则是：餐具的分发应与婴幼儿的年龄特点、自我服务的能力，以及幼儿园教育的要求相一致。

【鉴定点分布】相关知识→生活管理→进餐→分发餐具的原则

201. 保育员应具备的具体知识是：普通文化知识、专业理论知识和（　　）。

　　　A. 电脑知识　　　　　　　　B. 外语知识

C. 教育技能等实践知识　　　　D. 教学方法等知识

【解析】答案：C。

本题主要考查保育员的知识结构和教育能力。保育员应该具备先进、合理和宽厚的知识结构，总体来说应突出博、精、活几个字。保育员应该具备的具体知识大致包含以下几方面：①普通文化知识，主要包括政治、经济、文化、科学、社会、伦理等方面的知识。②专业理论知识，包括学前教育学、学前心理学、学前卫生学及学前教育各领域教学方法等方面的知识。③教育技能等实践知识，包括幼儿园艺术教育的技能、学前儿童生活管理的实践知识、多媒体教育技术等方面的内容。

【鉴定点分布】基本要求→基础知识→婴幼儿教育学知识→保育员的知识结构和教育能力

202. 在指导学前儿童学习时，保育员应充分发挥（　　）的作用，满足孩子的不同学习需要。

　　A. 上课　　　　　　　　　　B. 练习
　　C. 不同形式的活动　　　　　D. 榜样

【解析】答案：C。

本题主要考查指导学前儿童学习时应注意的问题。指导学前儿童学习时应注意：①重视为学前儿童创设良好的学习环境。②充分发挥不同形式的活动在学前儿童学习中的作用，引导学前儿童在探索、体验的过程中学习。③尊重学前儿童的学习特点，接纳学前儿童在学习上的差异，促进学前儿童主动地学习。④重视良好的学习态度和浓厚的学习兴趣等非智力因素的培养。⑤选择合适的学习内容，充分尊重学前儿童的学习特点和认知规律。

【鉴定点分布】相关知识→配合教育活动→室外教育活动→指导学前儿童学习时应注意的问题

203. （　　）是保育员做家长工作最常用的方式。

　　A. 专题讲座　　B. 家长会　　C. 家访　　D. 随意交谈

【解析】答案：D。

本题主要考查学前教育机构与家庭和社区。学前教育机构与家庭的关系，主要是指孩子从家庭初到学前教育机构时的衔接和平时与家长的沟通两方面，即做好新生入园工作和家长工作。而学前教育机构的家长工作是学前教育机构的一项重要工作，家长是影响学前儿童发展的一个重要的因素。据天津市的一个调查显示，学前教育机构常用的家长工作的方式、方法有（按选择的人数排列，由多至少排列）：随意交谈、家长会、家访、调查问卷、家园联系册、家教园地、家教讲座、个别交谈、开放日、电话联系、成立家委会、家长参与性活动、专题讨论、家教咨询、家长来讲课、家庭运动会、参与教育活动的设计与展示、家长接待日、便条交流、小组讨论、家长观察学前儿童情况反馈等。

【鉴定点分布】基本要求→基础知识→婴幼儿教育学知识→学前教育机构与家庭和社区

204. 对活动室家具擦拭的顺序是（　　）。

　　A. 从外向里　　B. 从左至右　　C. 从上向下　　D. 从低至高

【解析】答案：C。

本题主要考查活动室寝室扫除的注意事项。活动室寝室家具的擦拭主要有三个步骤：①擦拭所有家具，包括桌椅、柜子、书架、玩具架及游戏角等。②从上到下，面、边棱、各拐角等都要擦到，使家具无灰尘、无积土。③婴幼儿的桌子用消毒液擦拭后，再用清水擦拭2～3遍。

【鉴定点分布】相关知识→清洁消毒→环境卫生→活动室寝室扫除的注意事项

205. 下列游戏属于有规则游戏的是（　　）。

　　A. 音乐游戏　　B. 角色游戏　　C. 表演游戏　　D. 结构游戏

【解析】答案：A。

本题主要考查有规则游戏的概念和种类。有规则游戏是指在游戏中有明确规则的游戏。这种游戏的规则可能是孩子们共同商量制定的，如玩捉迷藏的游戏，也可能是为了完成特定的教育任务而由教育者规定，如《老狼老狼几点了》《我们都是木头人》等。属于有规则游戏的有音乐游戏、智力游戏、体育游戏三种。

【鉴定点分布】相关知识→配合教育活动→室外教育活动→有规则游戏的概念与种类

206. 婴幼儿的排便环境是（　　）。

　　A. 排无定所　　B. 户外　　C. 卧室　　D. 盥洗室固定处

【解析】答案：D。

本题主要考查婴幼儿排便训练的要求。中国老教育家陶行知把早期教育概括为形成习惯，孩子的排便更是如此。教其固定排泄是生活环节的重要内容。建立合理的一日生活记录，创设愉快的生活环境，准备孩子大小便合适的条件等是十分重要的。

【鉴定点分布】相关知识→生活管理→盥洗如厕→婴幼儿排便训练的要求

207. 在制作玩教具的过程中要注意教具必须符合安全卫生的要求；玩具的大小、轻重应适合学前儿童使用；对玩教具应经常进行消毒；（　　）等问题。

　　A. 玩教具颜色应单一

　　B. 玩教具的表面必须光滑

C. 对玩具应做好保养和维修的工作

D. 玩教具所用的材料是软的

【解析】答案：C。

本题主要考查制作玩具教具的注意事项：①玩具和教具必须符合安全卫生的要求。②玩具和教具的大小、轻重应适合学前儿童的使用。③对玩具和教具应经常进行消毒。④对玩具和教具应做好保养维修工作。

【鉴定点分布】相关知识→配合教育活动→室内教育活动→制作玩具教具的注意事项

208. 为确保睡眠环境的安静，保育员可以（　　）。

A. 让全班婴幼儿同时上床

B. 让精力旺盛、睡觉少的婴幼儿先上床

C. 让体质弱、年龄小、脱衣动作慢的幼儿先上床

D. 分小组依次上床

【解析】答案：C。

本题主要考查对个别幼儿睡眠的指导。婴幼儿睡眠同其他活动一样，存在个体差异，需要保育员区别对待。例如，对睡眠时间需求时间较长的幼儿、脱衣动作较慢的幼儿、年龄较小的体弱幼儿，应让他们提前进入睡眠室，提前睡觉；对于那些精力旺盛、体质较好，不喜欢睡觉的或上床后爱与其他人逗玩的婴幼儿，可分成几组依次上床睡觉，以便保育员管理，也能满足不同婴幼儿的需要。

【鉴定点分布】相关知识→生活管理→睡眠→对个别婴幼儿的睡眠指导

209. 保育员要养成每天听天气预报的习惯，及时了解天气的变化情况，（　　）。

A. 做好记录　　　　　　　B. 为照顾好幼儿的生活做准备

C. 及时通报给幼儿　　　　D. 掌握第一手气象材料

【解析】答案：B。

本题主要考查了解天气情况的方法。在婴幼儿户外活动前，保育员充分了解天气变化的情况十分重要。因此，保育员要养成每天听气象预报的习惯，及时了解天气的变化情况，为照顾好婴幼儿的生活做好准备。根据天气和活动量为婴幼儿增减衣服。婴幼儿在自由活动时的活动量是有差异的，保育员要注意观察婴幼儿的活动，及时了解每个孩子的实际活动量，及时为孩子增减衣服。

【鉴定点分布】相关知识→配合教育活动→室外教育活动→了解天气情况的方法

210. 冬季的正常室温是（　　）℃。

A. 12~15　　B. 16~18　　C. 18~22　　D. 25

【解析】答案：B。

本题主要考查开窗通风的规则。开窗通风的规则是根据天气状况开窗通风,保持空气新鲜。保育员应能够根据季节、气温、风力的大小,决定开窗通风的时间、打开窗子的数量以及开窗的大小。天冷,开窗时间可短一些,以使室温保持在16~18℃为宜;若风大,根据风向决定开哪个窗户;根据温度计的度数及时调整开窗时间。夏季全天开窗通风,若室温过高要采用打开电风扇、窗子对流、地面适当洒水等方法降温。

【鉴定点分布】相关知识→清洁消毒→环境卫生→开窗通风的规则

211. 保育员可以在裤子上(   )帮助幼儿分辨裤子的前后。

  A. 膝盖剪开 B. 膝盖缝扣子 C. 不做处理 D. 膝盖绣花

【解析】答案:D。

本题主要考查穿脱裤子的指导程序。保育员指导幼儿穿裤子,首先要教他们分辨前后。为了让幼儿容易识别,让家长在裤子前片绣花、名字、缝兜或者在膝盖上做出明显记号。保育员根据这些来指导幼儿穿裤子。

【鉴定点分布】相关知识→生活管理→睡眠→穿脱裤子的指导程序

212. 幼儿穿袜子时,手应该(   )。

  A. 捏住袜跟 B. 捏住袜尖 C. 攥紧袜筒 D. 撑开袜筒

【解析】答案:C。

本题主要考查穿脱袜子的指导程序。①分辨袜子的不同部位,如袜尖、袜底、袜根、袜筒。②手持袜筒,袜底放在下面,袜尖朝前。③两手将袜筒推叠到袜后跟,再往脚上穿,先穿脚尖,再穿脚跟,最后提袜筒。

【鉴定点分布】相关知识→生活管理→睡眠→穿脱袜子的指导程序

213. (   ),达不到孩子锻炼身体的目的。

  A. 活动内容少 B. 活动时间短 C. 活动量过小 D. 活动方式简单

【解析】答案:C。

本题主要考查活动量对婴幼儿身体发展的影响。活动量也称运动量,是指婴幼儿在活动中身体所承受的生理负担量。活动量过大,超过婴幼儿身体的负荷会损害婴幼儿的身体健康;活动量过小,则达不到锻炼孩子身体的目的。

【鉴定点分布】相关知识→配合教育活动→室外教育活动→活动量对婴幼儿身体发展的影响

214. 全班儿童的活动情况,个别儿童情况和设备、材料、物品的使用情况均属于(   )的内容。

  A. 教育计划   B. 保育计划

  C. 教育工作的记录   D. 保育工作记录

【解析】答案：D。

本题主要考查保育工作记录的主要内容：①全班儿童的活动情况。②个别儿童情况。③设备、材料及物品的使用情况。

【鉴定点分布】相关知识→配合教育活动→室内教育活动→保育工作记录的主要内容

215. 保育工作记录中，记录全班儿童活动情况的主要内容是（　　）。

A. 儿童活动的分组情况　　　　B. 个别儿童的情况

C. 孩子的数量　　　　　　　　D. 教育活动的内容

【解析】答案：A。

本题主要考查记录全班儿童活动情况的内容。记录全班儿童活动情况的主要内容主要记录：①儿童活动的分组情况。②儿童活动中的身体、情绪及参与活动的情况。③儿童的交往情况及儿童在活动中发生的各种逸事等。

【鉴定点分布】相关知识→配合教育活动→室内教育活动→记录全班儿童活动情况的内容

216. 添加辅食的原则之一是（　　）。

A. 在炎热的夏季或婴儿生病时，应暂时延缓添加新辅食

B. 饮食定时

C. 多喝奶

D. 饮食定量

【解析】答案：A。

本题主要考查添加辅食的原则。添加辅食应遵循如下原则：①循序渐进，逐步适应。辅食的添加应由少到多，由一种到多种，由稀到干，由软到硬，由细到粗，适时添加，循序渐进。如蛋黄的添加可在婴儿4个月时开始，每天只喂1次，喂1/4个蛋黄，持续3~4天，若一切正常，可逐渐加量。②辅食应在喂奶前添加，防止婴儿吃饱奶后不吃辅食。③炎热的夏季或婴儿生病时，应暂时延缓添加新辅食。④辅食的种类、添加量应结合月龄、健康状况及营养需要而定，可增可减，灵活掌握。若添加过早，会引起婴儿消化不良，添加过晚，可引起婴儿营养不良和断奶困难。

【鉴定点分布】基本要求→基础知识→婴幼儿生理学知识→添加辅食的原则

217. 幼儿园每天的消毒内容包括（　　）。

A. 水杯、毛巾、餐具、门把手、桌椅、玩具

B. 水杯、毛巾、餐具、门把手、桌椅、厕所、窗台

C. 水杯、毛巾、餐具、桌椅、厕所、水龙头、抹布

D. 水杯、毛巾、餐具、玩具、图书、水龙头、门把手、抹布

【解析】答案：C。

本题主要考查每天的消毒程序。幼儿园中需要每天消毒的物品包括水杯、毛巾、餐具、门把手、水龙头、桌椅、厕所、坐便器和抹布。

【鉴定点分布】相关知识→清洁消毒→消毒→幼儿园每日的消毒程序

218. 为婴幼儿准备的饭菜应该（　　）。

  A. 迎合幼儿的食物爱好　　　　B. 种类单一

  C. 便宜　　　　D. 营养全面、好吃

【解析】答案：D。

本题主要考查进餐的物质环境要求。进餐的物质环境是指卫生情况、家具、餐具的准备等，主要内容如下：①餐室清洁明亮，餐桌餐椅高矮适中、清洁、位置固定。②餐室没有闲杂的陌生人。③餐具清洁、大小适中。④饭菜香气扑鼻，且营养全面。

【鉴定点分布】相关知识→生活管理→进餐→进餐的物质环境要求

219. 婴幼儿入园后应定期进行健康检查。一般来说，1岁以内的婴儿每季度应体检一次；（　　）岁的幼儿，每半年体检一次；3岁以上的幼儿，每年体检一次，每半年测量身高和视力一次，每季度量体重一次。

  A. 6～12　　　B. 1　　　C. 3～6　　　D. 1～3

【解析】答案：D。

本题主要考查入园后的定期检查：婴幼儿入园后应定期进行健康检查。一般来说，1岁以内的婴儿每季度应体检一次；1～3岁的幼儿，每半年体检一次，每季度量体重一次；3岁以上的幼儿，每年体检一次，每半年测量身高和视力一次，每季度量体重一次。幼儿园应为每名婴幼儿建立健康档案，以便全面了解和判断每名婴幼儿生长发育的情况。

【鉴定点分布】相关知识→安全工作→常规安全措施→入园后的定期检查

220. 幼儿园应建立健全健康检查制度，健康检查的对象应包括新入园的婴幼儿、在园的婴幼儿以及（　　）。

  A. 幼儿园的教师　　　　B. 毕业的幼儿

  C. 幼儿园中的全体工作人员　　　　D. 幼儿的父母

【解析】答案：C。

本题主要考查健康检查制度。幼儿园应建立健全健康检查制度，健康检查的对象应包括新入园的婴幼儿、在园的婴幼儿以及幼儿园中的全体工作人员。

【鉴定点分布】相关知识→安全工作→常规安全措施→健康检查制度

221. 保育员准备的睡眠环境有（　　）。

A. 拉窗帘、准备温暖的寝具

B. 开窗通风、拉窗帘、准备温暖的寝具

C. 开窗通风、拉窗帘、准备温暖的寝具、安静

D. 开窗通风、拉窗帘、准备温暖的寝具、安静、排便

【解析】答案：C。

本题主要考查婴幼儿睡眠的环境要求。①开窗通风。保育员根据气温决定寝室开窗的时间，确保寝室空气新鲜。②保育员通过各种手段调节室内的温度和湿度。如窗户的开关，加湿器的使用，空调、电风扇、空气净化器的使用等。③拉上窗帘，使室内光线幽暗。④为婴幼儿准备温暖、舒适的寝具。⑤保证睡眠时周围环境安静、无噪声。

【鉴定点分布】相关知识→生活管理→睡眠→婴幼儿睡眠的环境要求

222. 婴幼儿在自由活动时的活动量是有差异的，保育员要注意观察婴幼儿的活动，（　　）及时为孩子增减衣服。

A. 根据孩子的要求　　　　B. 根据教师的要求

C. 根据活动的要求　　　　D. 及时了解每个孩子的实际活动量

【解析】答案：D。

本题主要考查给婴幼儿增减衣服的方法。给婴幼儿增减衣服的方法之一是，了解每个婴幼儿的实际活动量，为其及时增减衣服。婴幼儿在自由活动时的活动量是有差异的，保育员要注意观察婴幼儿的活动，及时了解每个孩子的实际活动量，及时为他们增减衣服。

【鉴定点分布】相关知识→配合教育活动→室外教育活动→给婴幼儿增减衣服的方法

223. 活动量也称运动量，是指婴幼儿在活动中（　　）所承受的生理负担量。

A. 身体　　　　B. 心脏　　　　C. 肌肉　　　　D. 骨骼

【解析】答案：A。

本题主要考查活动量的概念。活动量也称运动量，是指婴幼儿在活动中身体所承受的生理负担量。什么样的活动量是合适的，保育员可用观察法和测量法来考察，确定婴幼儿的适宜活动量。

【鉴定点分布】相关知识→配合教育活动→室外教育活动→活动量的概念

224. 观察法是在活动中观察婴幼儿的脸色、呼吸、表情、（　　）和动作的协调性等特征。

A. 肌肉　　　　B. 心脏　　　　C. 骨骼　　　　D. 出汗状况

【解析】答案：D。

本题主要考查通过观察法了解婴幼儿活动量的方法。观察法就是在活动中观察婴幼儿的脸色、呼吸、表情、出汗状况和动作协调性等特征，来了解其活动量的大小。一般情况下，如果婴幼儿面色微红，表情自然，动作协调，呼吸略快但平稳，微微出汗，则表明活动量比较合适。如果婴幼儿在活动中面色通红，大汗淋漓，表情紧张，动作不协调，呼吸急速等现象，则表明其活动量过大。应考虑适当减少活动量。

【鉴定点分布】相关知识→配合教育活动→室外教育活动→通过观察法了解婴幼儿活动量的方法

225. 量瓶、烧杯等各种容器是（　　）的设备和材料。
　　A. 象征性游戏　　B. 建构游戏　　C. 探索活动　　D. 语言活动

【解析】答案：C。

本题主要考查幼儿园探索活动常用的设备和材料。幼儿园探索活动所需的设备和材料主要包括：各种材料（小铁块、小木块、废瓶子、核桃壳、沙子、水等），各种容器（量瓶、烧杯、托盘、水盆），各种工具（小勺、小旋具、小钳子、漏斗、蜡烛），一些电器用品（电池、手电），各种拼图、拼版，供应幼儿记录的纸、笔等。

【鉴定点分布】相关知识→配合教育活动→室内教育活动→幼儿园探索活动常用的设备和材料

226. 按参加游戏的人数，游戏可分为个人游戏、小组游戏和（　　）。
　　A. 有规则游戏　　B. 集体游戏　　C. 教学游戏　　D. 建设性游戏

【解析】答案：B。

本题主要考查婴幼儿游戏的种类。学前儿童的游戏种类繁多，灵活多变。分类的标准不同，游戏的类型也各不相同。按照游戏的性质，可以把游戏分为安静游戏和活动性游戏两类。按游戏中创造性的程度分类，可以把游戏分成创造性游戏和有规则游戏两大类。按参加游戏的人数不同分类，把游戏分为个人游戏、小组游戏及集体游戏。按教师对游戏的干预程度分类，把游戏分为学前儿童的自由游戏和保育员指导下的教学游戏两类。

【鉴定点分布】相关知识→配合教育活动→室外教育活动→婴幼儿游戏的种类

227. 狭义的环境是指在学前教育机构中，对学前儿童身心发展产生影响的（　　）要素的总和。
　　A. 物质和精神　　　　　　B. 自然和社会
　　C. 家庭与幼儿园　　　　　D. 幼儿园与社区

【解析】答案：A。

本题主要考查学前教育机构的环境。环境泛指生物有机体生存空间内各种条件的总和。对学前教育机构而言，广义的环境主要指学前教育赖以进行的一切条件的总和。

我们所谈的环境主要是指狭义的环境。狭义的环境是指在学前教育机构中，对学前儿童身心发展产生影响的物质和精神要素的总和。

【鉴定点分布】基本要求→基础知识→婴幼儿教育学知识→学前教育机构的环境

228. 幼儿园一日生活的内容按（　　）分可分为上午的活动、下午的活动、晚间的活动三部分。

　　A. 时间　　　　B. 内容　　　　C. 性质　　　　D. 地点

【解析】答案：A。

本题主要考查一日生活作息制度的有关要求。幼儿一日生活中按活动时间可分为上午活动、下午活动、晚间活动三部分。

【鉴定点分布】基本要求→基础知识→相关法律、法规知识→一日生活作息制度的有关要求

229. 学前儿童在学习的速率、（　　）、方式、效率、水平等方面都存在着很大差异。

　　A. 进度　　　　B. 方法　　　　C. 特点　　　　D. 效果

【解析】答案：A。

本题主要考查一日生活作息制度的要求。幼儿一日生活中按活动内容可分为生活活动、学习活动、游戏活动三部分。学习活动的特点是：①通过探索进行学习。学前儿童是天生的探索者。学前儿童通过尝、闻、摸、看、听等多种感官去感知事物的特点，积累他们的经验，探索世界的奥秘。②感知是学习的基础。学前儿童通过观看、倾听、品味、闻嗅、触摸及运动等各种感知觉认识周围世界，并通过这些具体而生动的经验进行学习。③学前儿童的学习存在着很大的个体差异。无论哪个年龄的同龄儿童，在学习的速率、进度、方式、效率、水平等方面都存在着很大差异。在同一个孩子身上，在学习的不同领域，也存在着很大的差异。

【鉴定点分布】基本要求→基础知识→相关法律法规知识→一日生活作息制度的有关要求

230. 去掉婴幼儿身上肥皂的方法是（　　）。

　　A. 用水浸泡　　　　　　　　B. 抹油
　　C. 用湿毛巾反复擦　　　　　D. 用干毛巾擦

【解析】答案：C。

本题主要考查小幼儿身体清洁的程序。保育员应能够帮助较小婴儿清洗身体，清洗的程序如下：①保育员应将自己的手清洗干净。②用湿毛巾或清水，将婴幼儿的手、脸、脚或臀部打湿。③将肥皂抹在保育员的手上，搓出泡沫。④用肥皂手清洗婴幼儿的手、脸、脚或臀部。⑤用清洁的、湿度大的毛巾将肥皂泡沫擦干净，漂洗毛巾，重

复擦若干次，直到彻底洗净。

【鉴定点分布】相关知识→生活管理→盥洗如厕→小幼儿身体清洁的程序

231. 婴幼儿洗手容易忽略的环节是（　　）。
　　　A. 洗手心　　　B. 洗手指　　　C. 洗手背　　　D. 洗手指缝

【解析】答案：D。

本题主要考查幼儿洗手的指导内容。指导婴幼儿洗手应按照以下步骤：①指导婴幼儿卷衣袖或撸衣袖。②轻轻拧开水龙头，水流不能太大。③将手心、手背、手腕浸湿，然后搓肥皂，最好搓出泡沫，使手心、手背、手指缝都被肥皂洗到。④用清水将手冲洗干净，关好水龙头。⑤用毛巾将手擦干。

【鉴定点分布】相关知识→生活管理→盥洗如厕→婴幼儿洗手的指导内容

232. 让全体幼儿起床后，保育员对遗尿幼儿的处理应是（　　）。
　　　A. 让幼儿自己清洗尿湿的衣物　　　B. 批评教育
　　　C. 清洗晾晒尿湿的衣物和被褥　　　D. 把尿湿的被褥卷起来，让家长带走

【解析】答案：C。

本题主要考查照顾婴幼儿遗尿的方法。正确处理婴幼儿遗尿问题的工作程序是：①准备工作。②定时唤醒。③及时晾晒和清洗。及时晾晒和清洗即全体婴幼儿起床后，保育员应及时晾晒尿湿的被褥，清洗尿湿的衣物。

【鉴定点分布】相关知识→生活管理→睡眠→照顾婴幼儿遗尿的方法

233. 幼儿园的衣物管理工作包括（　　）。
　　　A. 清洗衣物　　　B. 折叠整齐　　　C. 清点数量　　　D. 购买衣服

【解析】答案：C。

本题主要考查衣物寝具的管理内容。衣物寝具的管理内容主要有：①保育员应熟知每个婴幼儿的物品。②每个婴幼儿的服装都要有标记，而且和衣橱的标记相一致。③帮助婴幼儿将脱下来的衣服放到固定的地方，并叠放整齐。④经常换洗的衣服、床单、枕巾、枕套可以一套一套叠起来，分类放到固定的地方，需要换洗的或请家长换洗的衣物、被褥，做到清点有数。物品少了及时寻找，多出的物品要放到固定的地方，以便物归原主。⑤保育员应检查婴幼儿的衣物是否有破损或坏衣扣现象，并及时修补或请家长帮忙解决。⑥为每个幼儿制作储物袋，把带来的东西放在袋里，以免丢失。

【鉴定点分布】相关知识→生活管理→物品保管→衣物寝具的管理内容

234. 保育员每天消毒程序是（　　）。
　　　A. 浸泡→消毒
　　　B. 刷洗→消毒

C. 消毒剂浸泡→清水洗净

D. 清水浸泡→刷洗→消毒剂浸泡→清水洗净

【解析】答案：D。

本题主要考查幼儿园每日的消毒程序。幼儿园每日的消毒程序是：①清水浸泡。②搓洗、漂洗。③消毒剂浸泡。④清水洗净。

【鉴定点分布】相关知识→清洁消毒→消毒→幼儿园每日的消毒程序

235. 婴幼儿大量出汗、腹泻、呕吐后应（　　）。

　　A. 少喝水　　　　　　　　B. 及时补充水

　　C. 吃饭　　　　　　　　　D. 痊愈后应大量补水

【解析】答案：B。

本题主要考查婴幼儿饮水量的影响因素。婴幼儿对水的需要量取决于婴幼儿活动量的大小、外界的气温、食物的质与量等。通常，气温越高，活动量越大，婴幼儿出汗会越多，对水的需要量就会增加；而摄入的蛋白质、无机盐较多，在排泄这些物质时需要的水就较多，因此人体对水的需要量就会增大。婴幼儿大量出汗、腹泻、呕吐后应及时补充水。

【鉴定点分布】相关知识→生活管理→饮水→婴幼儿饮水量的影响因素

236. （　　），应检查体温表的水银线是否在35℃以下。

　　A. 测量体温后　　　　　　B. 测量体温过程中

　　C. 测量体温前　　　　　　D. 平时

【解析】答案：C。

本题主要考查测量体温前的准备。给婴幼儿测量体温前，首先应检查体温表的水银线是否在35℃以下。如果超过35℃应捏住体温表上端轻轻甩几下，使水银线降到35℃以下。然后擦去腋窝的汗把水银表的水银端放在腋窝中间，注意不能把表头伸到外面。一般测5分钟即可。

【鉴定点分布】相关知识→安全工作→常规安全措施→测量体温前的准备

237. 便秘的预防方法之一是（　　）。

　　A. 多吃蔬菜水果，搭配粗粮　　　B. 多吃肉食

　　C. 排便时间为15分钟　　　　　　D. 在排便时看书

【解析】答案：A。

本题主要考查便秘的预防方法。便秘的预防方法是：①培养婴幼儿定时排便的习惯。利用婴幼儿的"胃结肠反射"训练定时排便的习惯。婴幼儿在喂过奶、吃过饭以后坐盆，可帮助训练排便。②培养婴幼儿专心排便的习惯。不能在排便时吃东西、玩玩具或看书听故事等。③排便时间不宜过长，一般以5~10分钟为宜。④在饮食方面，

多吃蔬菜、水果，搭配吃粗粮，都有利于大便通畅，有效地预防便秘。

【鉴定点分布】基本要求→基础知识→婴幼儿生理学知识→便秘的预防

238. 幼儿的需要主要是生理需要、活动的需要、认识的需要、爱的需要、（　　）等。

　　A. 尊重自己　　　　　　　　B. 识字的需要
　　C. 受人尊重的需要　　　　　D. 玩水的需要

【解析】答案：C。

本题主要考查幼儿的需要。幼儿的需要是多种多样的，主要有以下几个方面：①生理的需要。②活动的需要。③认识的需要。④爱的需要。⑤受人尊重的需要。

【鉴定点分布】基本要求→基础知识→婴幼儿心理学知识→幼儿的需要

239. 我们可以摸到的淋巴结是（　　）的淋巴结。

　　A. 最大　　　B. 最深　　　C. 最浅　　　D. 最远

【解析】答案：C。

本题主要考查婴幼儿淋巴结的特点。扁桃体是人体最大的淋巴结，4～10岁达到发育的高峰，所以幼儿常因呼吸道感染而患扁桃体炎。我们可以摸到的淋巴结，分布于人体表面的一些部位，主要分布在颈部、腋下、大腿根等处。这些淋巴结分别负责消除人体不同区域淋巴液中的病菌。颈部淋巴结负责头、面部淋巴液的清除工作，当婴幼儿患口腔炎、扁桃体炎、中耳炎或头上长疖子，都可使颈部淋巴结肿大。

【鉴定点分布】基本要求→基础知识→婴幼儿生理学知识→婴幼儿淋巴结的特点

240. 对有腐蚀性的、有毒的、易燃、易爆的物品，幼儿园应（　　），要上锁保管。

　　A. 用布包扎　　B. 收藏　　C. 有专人保管　　D. 用棉花包扎

【解析】答案：C。

本题主要考查危险品的保管。危险品的保管按以下方法进行：①对有腐蚀性的、有毒的、易燃、易爆的物品，幼儿园应有专人保管，要上锁保管。②保育员每次使用这些物品时要登记记录，使用完后剩余部分要上交保管。③保育员要对用完的瓶罐做统一的回收处理，切不可随便丢弃，更不能随意放在盥洗室，以防好奇的婴幼儿玩耍。

【鉴定点分布】相关知识→安全工作→常规安全措施→危险品的保管

二、判断题

1. （　　）保育员的品德在很大程度上对学前儿童品德的培养起着至关重要的作用。

【解析】答案：√。

本题主要考查保育员职业道德的作用。作为保育员首先应具备两个条件：一是要有渊博的知识，二是要有高尚的品德。保育员的品德很大程度上对学前儿童的品德培养起着至关重要的作用。因此，保育员首先是要不断加强自身修养，培养自己高尚的职业道德。

【鉴定点分布】基本要求→职业道德→职业道德基础知识→保育员职业道德的作用

2.（　　）保育员在施教的过程中加强与家长的交流与沟通是尊重家长，热情服务的基本要求之一。

【解析】答案：√。

本题主要考查尊重家长，热情服务的内容与要求。保育员在施教的过程中，必须要取得家长的理解、支持与配合。要做到这点，一方面是要与家长加强交流，在此过程中可以全面地了解学前儿童的情况，了解其成长环境，另一方面，要认真并善于听取家长的意见和建议，使其能积极地参与到教育孩子的过程中，更好地配合幼儿园开展工作。

【鉴定点分布】基本要求→职业道德→职业守则→尊重家长，热情服务的内容与要求

3.（　　）保育员要教育孩子学会宽容，学会保护自己的利益，学会与别人一起游戏。

【解析】答案：×。

本题主要考查文明礼貌，团结协作的内容与要求。幼儿园保育员的职业特点之一就是集体性，它要求保育员彼此协调，相互宽容，发挥集体的教育力量。同时保育员还要面对众多个性鲜明的孩子组成的团体，必然不会风平浪静，所以保育员必须具备处理团体工作的能力和方法，成为团队工作的专家。保育员必须要教育孩子学会宽容，发现别人的长处，学会与别人一起游戏。

【鉴定点分布】基本要求→职业道德→职业守则→文明礼貌，团结协作的内容与要求

4.（　　）保育工作总结主要是要总结出在教育工作中的心得体会。

【解析】答案：×。

本题主要考查保育工作记录的主要内容。幼儿园保育工作总结应包含以下内容：①题目。②所在班级的基本情况，与本班级有关的其他工作人员的基本情况。③在某阶段自己负责的主要工作，已取得主要成绩和尚存在的问题。④分析原因，提出对工作的改进意见和建议。

【鉴定点分布】相关知识→配合教育活动→室内教育活动→保育工作记录的主要内容

5.（　　）父母或者其他监护人应当尊重未成年人接受教育的权利，必须使适龄未成年人按照规定接受义务教育，不得使在校接受义务教育的未成年人辍学。

【解析】答案：√。

本题主要考查未成年人保护法有关规定。《中华人民共和国未成年人保护法》第九条规定：父母或者其他监护人应当尊重未成年人接受教育的权利，必须使适龄未成年人按照规定接受义务教育，不得使在校接受义务教育的未成年人辍学。

【鉴定点分布】基本要求→基础知识→相关法律、法规知识→未成年人保护法有关规定

6.（　　）幼儿园保育和教育的主要目标是：促进幼儿身体正常发育和机能的协调发展，增强体质，培养良好的生活习惯、卫生习惯和参加体育活动的兴趣。

【解析】答案：√。

本题主要考查幼儿园教育和保育的主要目标。《幼儿园工作规程》第五条规定，幼儿园教育和保育的主要目标是：促进幼儿身体正常发育和机能的协调发展，增强体质，培养良好的生活习惯、卫生习惯和参加体育活动的兴趣。

【鉴定点分布】基本要求→基础知识→相关法律、法规知识→幼儿园保育和教育的主要目标

7.（　　）漂白粉可以对粪便消毒。

【解析】答案：√。

本题主要考查漂白粉的使用方法。漂白粉干粉可用于尿及稀便的消毒，漂白粉乳液可用于稠便的消毒。0.2％～1％的漂白粉澄清液，一般用于用具、家具、便盆的消毒。氯胺0.5％的溶液可用于器具、家具、便盆的消毒，3％溶液可用于粪便消毒。

【鉴定点分布】相关知识→清洁消毒→消毒→漂白粉的使用方法

8.（　　）一般用浓度为10％～20％的石灰乳剂消毒肠道传染病病人的粪便。

【解析】答案：√。

本题主要考查石灰的使用方法。用10％～20％石灰乳剂对肠道传染病病人的粪便进行消毒。一份粪便加两份石灰乳，消毒4小时，即可达到消毒的目的。

【鉴定点分布】相关知识→清洁消毒→消毒→石灰的使用方法

9.（　　）服药后的婴幼儿应安静片刻。

【解析】答案：√。

本题主要考查帮助幼儿服药的方法：①核对药名与患儿姓名及服药剂量。②根据服药记录准备药物，液体药物应用量杯服用，中药丸应捏成小球状服用。③准备服药用的白开水。④和蔼地劝说幼儿吃药，对于较小的婴儿，保育员应该采取正确的方法

喂药。⑤服药后婴幼儿应安静片刻，避免吃药后马上剧烈活动。⑥做好服药记录。

【鉴定点分布】相关知识→生活管理→晨检与体检→帮助幼儿服药的方法

10. (　　) 给婴幼儿滴鼻药的方法是让婴幼儿仰卧，肩下垫个枕头，头尽量后仰，使鼻孔朝上，点3～4滴药液，然后起来。

【解析】答案：×。

本题主要考查给婴幼儿滴鼻药的方法。给婴幼儿滴鼻药的方法是让婴幼儿仰卧，肩下垫个枕头，头尽量后仰，使鼻孔朝上，这样可以避免药液通过鼻咽部流到口腔。一手拿药瓶，在距鼻孔2～3厘米处将药液滴至鼻孔，每侧2～3滴药液，轻按压鼻翼，使药液均匀接触鼻腔黏膜。保持原姿势3～5分钟。

【鉴定点分布】相关知识→生活管理→晨检与体检→给婴幼儿滴鼻药的方法

11. (　　) 分发餐具应在餐前5～10分钟。

【解析】答案：×。

本题主要考查分发餐具的注意事项。分发餐具的注意事项是：①在给婴幼儿分发餐具的过程中，若餐具落地，应立即更换。②分发餐具的时间应在餐前20～30分钟，不可过早，避免污染。

【鉴定点分布】相关知识→生活管理→进餐→分发餐具的注意事项

12. (　　) 保育员应定期使用开水清洗饮水桶。

【解析】答案：×。

本题主要考查饮水桶的清洗内容。饮水桶清洗的内容是：①倒掉前一天的剩水。②每天用洗涤剂、定期用消毒剂清洗和消毒水桶，做到里外都洗净。③用清水将水桶里外都漂洗干净。④每天用消毒剂擦拭水龙头和出水口，保证饮水桶清洁，无死角。

【鉴定点分布】相关知识→生活管理→饮水→饮水桶的清洗内容

13. (　　) 冬季，婴幼儿的喝水量和夏季一样。

【解析】答案：×。

本题主要考查婴幼儿饮水量的影响因素。婴幼儿对水的需要量取决于婴幼儿活动量的大小、外界的气温、食物的质与量等。通常，气温越高，活动量越大，婴幼儿出汗会越多，对水的需要量就会增加；而摄入的蛋白质、无机盐较多，在排泄这些物质时需要的水就较多，因此人体对水的需要量就会增大。

【鉴定点分布】相关知识→生活管理→饮水→婴幼儿饮水量的影响因素

14. (　　) 保育员应该指导小班幼儿自己擦屁股、冲厕、洗手。

【解析】答案：×。

本题主要考查婴幼儿大小便的收尾工作。婴幼儿大小便后，保育员应及时为他们擦拭干净。及时为婴幼儿穿上裤子。保育员在照顾婴幼儿大小便后应冲厕、洗手，同时应督促独自大小便的幼儿，在大小便后冲厕、洗手。

【鉴定点分布】相关知识→生活管理→盥洗如厕→大小便的收尾工作

15.（　　）发现幼儿尿床后，保育员应该唤醒幼儿。

【解析】答案：√。

本题主要考查照顾婴幼儿遗尿的方法：①帮助幼儿换下尿湿的衣服。②迅速更换尿湿的被褥。③唤醒婴幼儿排尿。④安抚婴幼儿继续入睡。

【鉴定点分布】相关知识→生活管理→睡眠→照顾婴幼儿遗尿的方法

16.（　　）各种纸、笔、工具、材料等是幼儿进行探索活动常用的设备活动材料。

【解析】答案：×。

本题主要考查幼儿园探索活动常用的设备和材料。幼儿园探索活动常用的设备和材料主要有：各种材料（小铁块、小木块、废瓶子、核桃壳、沙子、水等），各种容器（量瓶、烧杯、托盘、水盆），各种工具（小勺、小旋具、小钳子、漏斗、蜡烛），一些电器用品（电池、手电），各种拼图、拼版，供应幼儿记录的纸、笔等。

【鉴定点分布】相关知识→配合教育活动→室内教育活动→幼儿园探索活动常用的设备和材料

17.（　　）故事磁带、电视片等是幼儿进行语言活动常用的设备和材料。

【解析】答案：√。

本题主要考查幼儿园语言活动常用的设备和材料。幼儿园语言活动常用的设备和材料有：各种图书、照片、图片，以及故事磁带、电视录像等。还有集中教育中所需的各种挂图、直观教具、电教设备、自制教具、废旧材料等。

【鉴定点分布】相关知识→配合教育活动→室内教育活动→幼儿园语言活动常用的设备和材料

18.（　　）被84消毒液消毒过的物品必须用清水冲洗，将残留的消毒液洗刷干净。

【解析】答案：√。

本题主要考查常用化学消毒剂的使用方法。无论使用何种消毒剂，保育员在配制、使用、放置等方面，既要注意自身的安全，又要严格按照使用说明和规定要求进行操作。同时，还应注意婴幼儿的安全，把消毒剂放在婴幼儿拿不到的地方。此外，消毒药品不同，其特点不同，配制方法不同，使用方法和注意事项也应有所不同。如使用84消毒液的注意事项是：使用84消毒液消毒后，被消毒过的物品必须再用清水冲洗，将所残留在物品上的消毒液全部冲刷干净，以免婴幼儿中毒。

【鉴定点分布】相关知识→清洁消毒→消毒→常用化学消毒剂的使用方法

19. （　　）婴幼儿鼻出血时，用拇指和食指紧紧地压住患儿的鼻翼，同时在额头或鼻梁处放上冷毛巾或冰块，一般压迫5~10分钟即可止住。

【解析】答案：√。

本题主要考查鼻出血的处理。鼻出血的原因很多，如外伤、某些全身性疾病、鼻黏膜干燥、鼻内异物等都可引起鼻出血。鼻出血的处理办法如下：①一旦婴幼儿发生鼻出血，首先让患儿坐下，保持安静，并为他松开衣领、腰带，让他头稍向后仰。②用拇指和食指紧紧地压住患儿的鼻翼，同时在额头或鼻梁处放上冷毛巾或冰块，一般压迫5~10分钟即可止住。③若出血较多或经常出鼻血，应去医院诊治。

【鉴定点分布】相关知识→安全工作→防止意外伤害→鼻出血的处理

20. （　　）保育员应负责本班房舍、设备、环境的维修工作。

【解析】答案：×。

本题主要考查保育员的职责。我国《幼儿园工作规程》中，对保育员的要求有以下几点：①负责本班房舍、设备、环境的清洁卫生工作。②在教师指导下，管理幼儿生活，并配合本班教师组织教育活动。③在医务人员和本班教师指导下，严格执行幼儿园安全、卫生保健制度。④妥善保管幼儿衣物和本班的设备、用具。

【鉴定点分布】基本要求→基础知识→婴幼儿教育学知识→保育员的职责

21. （　　）职业是人们在社会中所从事的，并以此为生的具有特定职责的专门性活动。

【解析】答案：√。

本题主要考查职业的概念。职业是人们在社会中所从事的，并以此为生的具有特定职责的专门性活动。

【鉴定点分布】基本要求→职业道德→职业道德基础知识→职业的概念

22. （　　）从广义上讲，保育员的职业道德包括教师的职业道德、职业精神、思想观念、道德品质等属于意识形态领域的诸多内容。

【解析】答案：√。

本题主要考查保育员职业道德的概念。保育员的职业道德是保育员在教育、教学活动中应当遵循的行为规范的总和。从广义上讲，保育员的职业道德包括教师的职业道德、职业精神、思想观念、道德品质等属于意识形态领域的诸多内容。随着社会、经济的发展及素质教育的要求，其内涵又增加了培养创造性、开拓性、实践性人才等更丰富的内容。

【鉴定点分布】基本要求→职业道德→职业道德基础知识→保育员职业道德的概念

23. （　　）教书育人是保育员岗位职责的基本要求。

【解析】 答案：×。

本题主要考查保育员职业道德的基本要求。保育员的职业道德要求，涵盖了其所应尽的职业义务及所担负的职业责任。这主要包括：忠于国家，献身教育，教书育人，勤奋学习，热爱学前儿童，遵纪守法，团结协作，以身作则等。

【鉴定点分布】基本要求→职业道德→职业道德基础知识→保育员职业道德的基本要求

24. （　　）自我意识就是人对自己和他人的认识。

【解析】 答案：×。

本题主要考查婴儿自我意识的发展。自我意识就是人对自己和自己心理的认识，它是人的意识的一种表现。婴儿刚出生时不能意识到自己，不能把自己作为一个主体同周围客体区分开来。1岁前，婴儿甚至不能意识到自己身体的存在，例如，吃自己的手、脚。1岁左右的婴儿能把自己的动作和动作的对象区分开来。随着语言的发展，在掌握了有关的词以后，他们开始把自己作为客体来认识。渐渐意识到自己身体的各部分。在婴儿期掌握了代名词"我"，是自我意识形成过程中的重要进展。这时婴儿不再把自己看作一个客体，而开始把自己作为一个区别于一切客体的主体来认识。

【鉴定点分布】基本要求→基础知识→婴幼儿心理学知识→婴儿自我意识的发展

25. （　　）影响幼儿能力发展的因素主要有先天和后天的影响、知识和技能的影响和性格的影响。

【解析】 答案：√。

本题主要考查影响幼儿能力发展的因素。影响幼儿能力发展的因素主要有先天和后天的影响、知识和技能的影响及性格影响。

【鉴定点分布】基本要求→基础知识→婴幼儿生理学知识→影响幼儿能力发展的因素

26. （　　）婴幼儿大脑皮层容易兴奋，不易疲劳。

【解析】 答案：×。

本题主要考查婴幼儿神经系统的特点。幼儿神经系统的特点主要有以下三点：①婴幼儿大脑皮层易兴奋，不易抑制。②婴幼儿大脑皮层容易疲劳。③婴幼儿睡眠时间较长。

【鉴定点分布】基本要求→基础知识→婴幼儿生理学知识→幼儿神经系统的特点

27. （　　）红黄色、深绿色的蔬菜和水果中含胡萝卜素丰富。

【解析】答案：√。

本题主要考查补充维生素A的常识。维生素A能保持人体的正常视觉功能，缺乏会患夜盲症。维生素A只能存在于动物性食物中，肝、肾、蛋黄、乳类含维生素A丰富。某些植物性食物含有丰富的胡萝卜素，胡萝卜素可以转化为维生素A，这些植物性食物是红黄色、深绿色的蔬菜、水果，如胡萝卜、辣椒、菠菜、豌豆苗、红心甘薯、杏、柿子等，但吸收和转化的比例较低。

【鉴定点分布】基本要求→基础知识→婴幼儿生理学知识→补充维生素A的常识

28.（　　）思维的两个突出特点是间接性和概括性。

【解析】答案：√。

本题主要考查思维的特点：思维是人脑对客观事物间接的概括的反映。它是在感知、记忆等过程的基础上发生的，是高级认识过程。它有两个突出的特点：①思维是间接的反映即间接性。②思维是概括的反映即概括性。

【鉴定点分布】基本要求→基础知识→婴幼儿心理学知识→思维的特点

29.（　　）具体形象思维是3～6岁幼儿思维的主要形式。

【解析】答案：√。

本题主要考查具体形象思维。具体形象思维是3～6岁幼儿思维的主要形式，主要是凭借事物的具体形象或表象进行的，而不是凭借对事物的理解，即不是凭借概念、判断、推理进行的。它是在知觉行动的基础上形成和发展起来的。随着幼儿年龄的增长，知识经验的增多，幼儿解决问题的方式不再是通过外部的、展开的动作进行，而是逐渐被表象所代替。因此，思维过程不像直觉行动思维那样外显，而变得隐蔽起来。随着幼儿思维凭借表象的成分增多，思维的具体形象性在直觉行动中孕育起来，并逐渐发展为幼儿期思维的主要形式。

【鉴定点分布】基本要求→基础知识→婴幼儿心理学知识→具体形象思维

30.（　　）图书的消毒方法是翻晒3～6小时。

【解析】答案：√。

本题主要考查幼儿园图书的消毒方法。日晒法，即紫外线消毒灭菌。将图书在阳光下暴晒3～6小时，可将多数微生物杀灭，同时也可以杀死大部分书蛀虫。但要注意，图书在暴晒时要经常翻动。

【鉴定点分布】相关知识→清洁消毒→消毒→幼儿园图书的消毒方法

31.（　　）配制好的消毒液应放置在幼儿拿不到的地方。

【解析】答案：√。

本题主要考查配制消毒液的程序。配制消毒液的程序的最后一步是按照保健医生的要求，将配好的药液放到婴幼儿拿不到的地方。

【鉴定点分布】相关知识→清洁消毒→消毒→配合配制消毒液的程序

32.（ ）给婴幼儿分发饭菜要饭、菜、汤分别盛放。
【解析】答案：√。

本题主要考查分发饭菜的注意事项。幼儿园分发饭菜的注意事项是：①杜绝汤、菜同时盛在一个碗里。②给每个婴幼儿的菜量应该相同，盛菜应尽量多盛固体的。③及时添加饭菜。④根据婴幼儿当天的食量添加饭菜。如果饭菜过热，应提醒婴幼儿用嘴吹凉后再吃。

【鉴定点分布】相关知识→生活管理→进餐→分发饭菜的注意事项

33.（ ）补充饮用水应选择幼儿活动的时间。
【解析】答案：×。

本题主要考查准备饮水的注意事项。幼儿园准备饮水的注意事项是：①开水不进教室。②婴幼儿喝水前应先空放一、两杯水，并舍弃。③保育员应注意补充饮水时的安全，避免碰撞、绊倒或烫伤婴幼儿。

【鉴定点分布】相关知识→生活管理→饮水→准备饮用水的注意事项

34.（ ）胡萝卜素可以全部转化为维生素A。
【解析】答案：×。

本题主要考查补充维生素A的常识。维生素A只能存在于动物性食物中，肝、肾、蛋黄、乳类含维生素A丰富。某些植物性食物含有丰富的胡萝卜素，胡萝卜素可以转化为维生素A，这些植物性食物是红黄色、深绿色的蔬菜、水果，如胡萝卜、辣椒、菠菜、豌豆苗、红心甘薯、杏、柿子等，但吸收和转化的比例较低。

【鉴定点分布】基本要求→基础知识→婴幼儿生理学知识→补充维生素A的常识

35.（ ）幼儿的牙刷应该是头大的。
【解析】答案：×。

本题主要考查漱口刷牙的准备。幼儿2岁左右时，可以学习漱口，3岁左右学习刷牙，幼儿漱口刷牙应先准备：牙杯、幼儿牙膏及幼儿保健牙刷。幼儿保健牙刷的标准是：牙刷头小，刷毛较柔软，只有两排刷毛。幼儿牙膏应选用含氟牙膏。

【鉴定点分布】相关知识→生活管理→盥洗如厕→漱口刷牙的准备

36.（ ）婴幼儿要补钙应多晒太阳，因为晒太阳能够补充维生素B。
【解析】答案：×。

本题主要考查婴幼儿补钙的方法。钙是构成人体骨骼和牙齿的重要物质。若婴幼儿的钙摄取不足，会引起牙齿发育不良，易患龋齿，也会影响婴幼儿骨骼的正常发育，患佝偻病。含钙较丰富的食物有：奶类及其制品、小虾皮等海产品、骨粉等动物性食物、豆类及其制品、硬果类等植物性食物。同时日常膳食中含钙丰富的食物少，吸收率低，而且这些食物还易在烹饪过程中，受到其他食物的干扰，如食物中的某些物质与钙混合，易形成不溶性的钙盐，阻碍钙的吸收，谷物中的植酸与钙形成植酸钙，菠菜、苋菜中的草酸与钙形成草酸钙，过量吃脂肪，脂肪会将钙包裹起来，形成不被吸收的皂状物，影响钙的吸收。因此为婴幼儿提供膳食时，应尽量避开会破坏、影响钙吸收的物质，多吃含钙丰富的食物，主动运用促进钙吸收的因素，注意摄取蛋白质类、奶类食品，还应多晒太阳，补充维生素D，以便提高钙的吸收率，增进婴幼儿的健康。

【鉴定点分布】基本要求→基础知识→婴幼儿生理学知识→婴幼儿补钙的方法

37.（　　）冬季婴幼儿穿衣服的顺序是最后穿毛衣。

【解析】答案：×。

本题主要考查冬季穿脱衣服的顺序。在寒冷的冬季，婴幼儿穿衣时应尽量减少胸部暴露在外的时间，以免受凉。要告诉婴幼儿，穿衣服时应先将毛衣或棉衣穿上，再穿袜子、裤子等。脱衣服时应最后脱毛衣或棉衣。

【鉴定点分布】相关知识→生活管理→睡眠→冬季穿脱衣服的顺序

38.（　　）在保管物品方面保育员应该做到来路明、销路清、不丢失。

【解析】答案：√。

本题主要考查保育员管理物品的基本要求。幼儿园保育员管理物品的基本要求是：保育员应做到每件物品来路明、销路清、不丢失。

【鉴定点分布】相关知识→生活管理→物品管理→保育员管理物品的基本要求

39.（　　）幼儿上课随便说话、玩东西、搞小动作是其缺乏独立意识和独立生活能力的表现。

【解析】答案：×。

本题主要考查幼儿上小学面临的主要困难及教育策略。学前儿童上小学后所面临的困难是主体适应能力不足，主要表现在身体适应、社会适应和学习适应等方面，而不是知识和智力上的困难。其中在社会适应方面，学前儿童入学的社会适应困难，主要表现在：①缺乏任务意识和完成任务的能力。②缺乏规则意识和执行规则的能力。③缺乏独立意识和独立生活的能力。④缺乏人际交往能力。而缺乏规则意识和执行规则的能力具体体现在：①不能遵守课堂的学习规则，如上课随便说话、玩东西、搞小动作等。②不能遵守日常生活的规则，如下课打斗，随便拿别人的东西，上厕所、喝水不懂得排队等。③不能遵守公共规则，如在公共场合大声喧哗、随便乱扔果皮纸屑等。④没有掌握合适的社会交往的规则与方法，如不知如何结交新朋友，有事情需要别人帮忙时不知该怎样求助等。

【鉴定点分布】基本要求→基础知识→婴幼儿教育学知识→幼儿上小学面临的主要困难及教育策略

40. （　）婴幼儿服完药后，剩余的药物要继续妥善保管好。

【解析】答案：√。

本题主要考查药品的保管。药品的保管主要有以下步骤：①保健人员和保育员应将婴幼儿的药物妥善保管好，贴上标签。②药品要放在固定的位置，并使婴幼儿拿不到。③服药要按时，服药前要注意查对姓名、药名、剂量、用法，并亲自督促婴幼儿服用，服药情况要做认真的记录，防止婴幼儿不肯服药、乱服药或重复服药。④婴幼儿服完药后，剩余的药物要继续妥善保管好。

【鉴定点分布】相关知识→安全工作→常规安全措施→药品的保管

41. （　）只要保育员能像母亲一样热爱孩子就一定能做好保育工作。

【解析】答案：×。

本题主要考查爱岗敬业，热爱幼儿的内容与要求。爱岗敬业，热爱幼儿的内容与要求之一是：任何一种职业道德首先要求对该职业的热爱，学前教育工作也不例外。它要求从业者首先要具备高度的敬业精神，也就是对工作的满腔热情及将这种热情持之以恒的精神。这种建立在对职业正确认识基础上的热爱，是做好工作的基础。

【鉴定点分布】基本要求→职业守则→爱岗敬业，热爱幼儿的内容与要求

42. （　）保育员只要爱岗敬业就能做好保育工作。

【解析】答案：×。

本题主要考查爱岗敬业，热爱幼儿的内容与要求。爱岗敬业，热爱幼儿是保育员的职业守则之一，爱岗敬业是做好保育工作的基础，只有热爱这项工作，才有可能做好这份工作。热爱幼儿是热爱教育事业的具体体现，是做好学前教育工作的前提条件。做好保育工作，爱岗敬业，热爱幼儿，缺一不可。

【鉴定点分布】基本要求→职业守则→爱岗敬业，热爱幼儿的内容与要求

43. （　）维生素D可以帮助钙沉积到骨骼上。

【解析】答案：√。

本题主要考查婴幼儿补钙的方法。钙是构成人体骨骼和牙齿的重要物质。若婴幼儿的钙摄取不足，则会引起牙齿发育不良，易患龋齿，同时也会影响婴幼儿骨骼的正常发育，患佝偻病。含钙较丰富的食物有：奶类及其制品、小虾皮等海产品，骨粉等动物性食物，以及豆类及其制品、硬果类等植物性食物。维生素D的作用是帮助钙沉积在骨骼上，如果只吃钙而不同时摄取维生素D，钙将无法吸收。晒太阳是获得维生素D最简便有效的途径。在动物肝脏、蛋、乳类食物中含有极少量的维生素D。人体

摄取维生素D过多,可引起中毒。

【鉴定点分布】基本要求→基础知识→婴幼儿生理学知识→婴幼儿补钙的方法

44.( )学前心理学、学前教育学等知识属于保育员应具备的教育技能知识。

【解析】答案:×。

本题主要考查保育员的知识结构和教育能力。保育员应该具备先进、合理和宽厚的知识结构,总体来说应突出博、精、活几个字。博即广博,保育员应有广博的知识面,人文科学、自然科学的基本知识都应有所涉及;精即精通,保育员应该精通学前教育的专业知识,每个保育员都应该成为教育孩子的专家;活即活用,保育员所掌握的文化知识和专业知识只有真正用于学前教育实践时,才有可能促进学前儿童的发展。因此,把广博、精深的文化知识和专业知识灵活地运用到学前教育中去,并在实践中不断地总结和提高,保育员对孩子才能进行真正科学和有效的教育。

【鉴定点分布】基本要求→基础知识→婴幼儿教育学知识→保育员的知识结构与教育能力

45.( )幼儿思维的发展,是一个从低级到高级,从不完善到完善的漫长而复杂的过程,依次经历了抽象逻辑思维、直觉行动思维、具体形象思维几个阶段。

【解析】答案:×。

本题主要考查幼儿思维发展的一般趋势。思维不是与生俱有的,是高级的认识活动。幼儿思维的发展,是一个从低级到高级,从不完善到完善的漫长而复杂的过程,经历了直觉行动思维、具体形象思维、抽象逻辑思维几个阶段。

【鉴定点分布】基本要求→基础知识→婴幼儿心理学知识→幼儿思维发展的一般趋势

46.( )夏季室温过高,可采用开窗通风的方法降温。

【解析】答案:×。

本题主要考查开窗通风的规则。开窗通风的规则是根据天气状况开窗通风,保持空气新鲜。保育员应能够根据季节、气温、风力的大小,决定开窗通风的时间、打开窗子的数量,以及开窗的大小。天冷,开窗时间可短一些,以使室温保持在16~18℃为宜;若风大,根据风向决定开哪个窗户;根据温度计的读数及时调整开窗时间。夏季全天开窗通风,若室温过高要采用打开电风扇、窗子对流、地面适当洒水等方法降温。

【鉴定点分布】相关知识→清洁消毒→环境卫生→开窗通风的规则

47.( )保育员每天扫除两次。

【解析】答案:×。

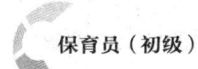

本题主要考查活动室寝室的扫除注意事项：①保育员的擦拭工作应认真细致，尤其应注意清除死角的灰尘。②幼儿园应采用湿性扫地的方法，防止尘土飞扬。擦地应使用半干的墩布，防止地面有水迹。③消毒液擦拭后应再用清水擦拭，防止消毒液的存留。④保育员的卫生工作不是一时性的，应贯彻全天，做到随脏随擦，随时保持活动室和寝室的清洁。

【鉴定点分布】相关知识→清洁消毒→环境卫生→活动室寝室的扫除注意事项

48.（　）毛巾蒸汽消毒的时间是15分钟。

【解析】答案：√。

本题主要考查毛巾的消毒方法。毛巾的消毒方法是：①浸泡。先用自来水浸湿，然后再用洗衣粉或洗涤剂水浸泡20分钟左右。②搓洗、漂洗。认真搓洗，特别脏的用肥皂搓，然后漂洗干净。③消毒剂浸泡。可用水煮沸15～30分钟或蒸汽消毒10～15分钟的方法，或用15%的洗消净或84消毒液浸泡5～10分钟然后用流动清水冲洗干净。

【鉴定点分布】相关知识→清洁消毒→环境卫生→毛巾的消毒方法

49.（　）配制消毒液应根据比例和要求进行。

【解析】答案：√。

本题主要考查配制消毒液的程序。配制消毒液的程序是：①根据保健医生的要求，准备水盆或水桶及量杯。②根据配制比例的要求，配制所需要的消毒液。根据比例，水盆或水桶应准备相应份数的水，并用量杯将一份药液倒入其中。③将消毒液搅拌均匀。④按照保健医生的要求，将配制好的消毒液放到幼儿够不到的地方。

【鉴定点分布】相关知识→清洁消毒→消毒→配合配制消毒液的程序

50.（　）饭菜太热可以端到室外通风处。

【解析】答案：×。

本题主要考查饭菜保温保洁的原则。饭菜保温保洁的原则是：冬季保温，夏季散热。夏季应给饭菜加盖一个网罩，防止飞蝇或飞絮的污染；若饭菜过热，须将饭菜移到电风扇附近，以便迅速散热、降温。

【鉴定点分布】相关知识→生活管理→进餐→饭菜保温保洁的原则

51.（　）保育员给婴幼儿盛菜应多盛汤。

【解析】答案：×。

本题主要考查分发饭菜的注意事项。幼儿园分发饭菜的注意事项是：①杜绝汤、菜同时盛在一个碗里。②给每个婴幼儿的菜量应该相同，盛菜应尽量多盛固体的。③及时添加饭菜。④根据婴幼儿当天的适量添加饭菜。⑤如果饭菜过热，应提醒婴幼儿用嘴吹凉后再吃。

【鉴定点分布】相关知识→生活管理→进餐→分发饭菜的注意事项

52. （　）吃饭催促孩子是不对的。

【解析】答案：√。

本题主要考查愉快进餐的条件。幼儿愉快进餐的条件主要包括以下几方面。愉快条件：餐室清洁、明亮，餐桌桌椅清洁、摆放整齐，餐具摆放得当。饮食准备：饭菜色香味俱全。精神准备：①保育员不在进餐时批评幼儿。②不催促幼儿进餐，不比赛进餐。③不分散婴幼儿进餐的注意力，保育员不大声说话、不给婴幼儿讲故事。④及时解决婴幼儿进餐中的问题。

【鉴定点分布】相关知识→生活管理→进餐→愉快进餐的条件

53. （　）应指导3岁以下幼儿端起水杯，慢慢喝水。

【解析】答案：√。

本题主要考查3岁以下婴幼儿饮水的照顾方法。3岁以下婴幼儿饮水的照顾应按照以下步骤进行：①保育员应将温度和水量适中的水倒入婴幼儿的杯中，放置在婴幼儿面前。②嘱咐婴幼儿轻轻端起水杯，缓缓地倾斜水杯，一口一口地将水喝下。③帮助或提醒婴幼儿把嘴擦干净。

【鉴定点分布】相关知识→生活管理→饮水→3岁以下婴幼儿饮水的照顾方法

54. （　）穿裤子后应把内衣塞进裤腰。

【解析】答案：√。

本题主要考查穿脱裤子的指导程序。指导幼儿穿裤子主要有以下几个步骤：①分辨前后。②双手提好裤腰。③先伸一条腿，再进另一条腿。④提裤子。⑤将内衣塞进裤子里。

【鉴定点分布】相关知识→生活管理→睡眠→穿脱裤子的指导程序

55. （　）保育员必须在婴幼儿睡眠前组织婴幼儿游戏。

【解析】答案：×。

本题主要考查婴幼儿睡眠前的活动准备。幼儿园在幼儿睡眠前可组织婴幼进行一些安静的活动，如户外散步、桌面游戏等；提醒婴幼儿排尿；检查婴幼儿的衣袋，防止婴幼儿将小物品带到床上玩耍。

【鉴定点分布】相关知识→生活管理→睡眠→婴幼儿睡眠前的活动准备

56. （　）教具可以放在分类柜中不固定的位置。

【解析】答案：×。

本题主要考查玩教具的管理方法。玩教具的管理应做到：玩具应摆放整齐，认真

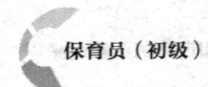

检查，定时清理，经常消毒。班级经常使用的教具（自制），应按主题活动或学科分类编号，放在分类柜中固定的位置，便于拿取和归位。分类柜应贴上编号和教具的名称，便于寻找。

【鉴定点分布】相关知识→生活管理→物品保管→玩教具的管理方法

57.（　　）幼儿园图书应该摆放在书架上，书架的高度不限。

【解析】答案：×。

本题主要考查图书的管理方法。幼儿园的图书管理应做到：①分类登记书籍的名称。②保持书架清洁，书籍摆放整齐、有序，使婴幼儿一目了然。③帮助婴幼儿收拾整理图书。

【鉴定点分布】相关知识→生活管理→物品保管→图书的管理方法

58.（　　）保育工作记录主要是记录本班设备、材料和物品的使用情况和外借的设备、材料和物品的使用情况，下一次活动需要继续保留的设备、物品和材料的情况，需要维修和更换的设备情况等。

【解析】答案：√。

本题主要考查保育工作记录的主要内容。保育工作记录的主要内容是：①记录全班儿童活动情况。主要记录儿童活动的分组情况，儿童在活动中的身体、情绪及参与活动的情况，儿童的交往情况及儿童在活动中发生的各种逸事等。②记录个别儿童的情况。主要记录体弱儿的身体和活动情况，以及个别需要帮助儿童的情况。③设备、材料及物品使用情况。主要记录本班设备、材料、物品的使用情况和外借的设备、材料、物品的使用情况，下一次活动需要继续保留的设备、物品和材料的情况，需要维修和更换的设备情况等。

【鉴定点分布】相关知识→配合教育活动→室内教育活动→保育工作记录的主要内容

59.（　　）三角铁、响板等是幼儿进行探索活动常用的设备活动材料。

【解析】答案：×。

本题主要考查幼儿园探索活动常用的设备和材料。幼儿园探索活动常用的设备和材料主要包括：各种材料（小铁块、小木块、废瓶子、核桃壳、沙子、水等），各种容器（量瓶、烧杯、托盘、水盆），各种工具（小勺、小旋具、小钳子、漏斗、蜡烛），一些电器用品（电池、手电），各种拼图、拼版，供应幼儿记录的纸、笔等。

【鉴定点分布】相关知识→配合教育活动→室内教育活动→幼儿园探索活动常用的设备和材料

60.（　　）测量体温前，先要检查体温表的水银线是否在36℃以下。

【解析】 答案：×。

本题主要考查测量体温前的准备。婴幼儿的体温比成人略高，正常体温（腋表）约为 36～37.4℃。一昼夜之间，有生理性波动。吃奶、吃饭、哭闹、衣被过暖或室温过高，都会使体温略高。所以，测体温最好在进食半小时以后，安静状态下进行。测量前，要先查看一下体温表的度数。具体方法是：手拿体温表的上端，使表和眼睛平行，来回转动几次，就能看清楚水银柱的度数。如果超过 35℃，向下、向外轻轻甩几下，使水银线降到 35℃以下。测体温前，擦去婴幼儿腋窝的汗，把水银表的水银端放在腋窝中间，注意别把表头伸到外面。一般测 5 分钟即可。

【鉴定点分布】 相关知识→安全工作→常规安全措施→测量体温前的准备

第三部分
理论知识考试考前冲刺

初级保育员理论知识考试模拟试卷（一）
初级保育员理论知识考试模拟试卷（二）
初级保育员理论知识考试模拟试卷（三）
初级保育员理论知识考试模拟试卷（四）
初级保育员理论知识考试模拟试卷参考答案（一）
初级保育员理论知识考试模拟试卷参考答案（二）
初级保育员理论知识考试模拟试卷参考答案（三）
初级保育员理论知识考试模拟试卷参考答案（四）

初级保育员理论知识考试模拟试卷（一）

一、单项选择题（第1题～第80题。选择一个正确的答案，将相应的字母填入题内的括号中。每题1分，满分80分。）

1. 保育员工作的对象是（　　），敏感、活跃又易受外界影响，可塑性很强的学前儿童。
   A. 各方面都尚未定型　　　　　B. 3～6岁
   C. 0～6岁　　　　　　　　　　D. 比较脆弱

2. （　　）是保育员职业守则的重要内容之一。
   A. 为人师表，遵纪守法　　　　B. 具有高度的社会责任感
   C. 具有深厚的教育理论　　　　D. 认真履行岗位职责

3. 保育员要教育孩子学会宽容，（　　），学会与别人一起游戏。
   A. 发现别人的长处　　　　　　B. 发现别人的缺点
   C. 学会保护自己的利益　　　　D. 学会工作

4. （　　）可以促进乳牙、颌骨、面部肌肉的发育。
   A. 吃细腻的食物　　　　　　　B. 喝奶
   C. 吃粗糙的食物　　　　　　　D. 吃糖

5. 由于婴幼儿大脑皮层容易兴奋，所以教他们做事时，应（　　）。
   A. 不断重复　　B. 引起兴趣　　C. 不断纠正　　D. 长时间训练

6. 婴幼儿外耳道狭窄，容易（　　）。
   A. 破损　　　　　　　　　　　B. 长疖疔
   C. 出现耳道异物　　　　　　　D. 出现疖肿

7. 发育性口吃发生在（　　）。
   A. 语言发展最为迅速的时期　　B. 语言发展缓慢的时期
   C. 语言发展的平台期　　　　　D. 语言发展的下降时期

8. （　　）最适合补钙。
   A. 油炸小鱼　　B. 菠菜豆腐　　C. 闷酥鱼　　　D. 鸡汤

9. （　　）可以在人体中转化为维生素A。

A. 柿子　　　　B. 白面　　　　C. 香蕉　　　　D. 土豆

10. 婴儿动作的发展是指（　　）和小肌肉动作的发展。
    A. 双手动作的发展　　　　　　B. 腿部动作的发展
    C. 大肌肉动作的发展　　　　　D. 攀登、钻爬动作的发展

11. 下列属于幼儿观察力特点的是（　　）。
    A. 观察的概括性强，善于从整个事物中发现内在联系
    B. 观察的目的性较强，不容易受外界新异刺激的干扰并能持久
    C. 能抓住事物的本质特征
    D. 观察的概括性差，不善于从整个事物中发现内在联系

12. 快乐、兴趣、愤怒、恐惧等属于幼儿（　　）。
    A. 认知　　　　B. 意志　　　　C. 基本情绪　　　　D. 知觉

13. 幼儿与（　　）的关系主要表现在亲子关系和师生关系。
    A. 成人　　　　B. 幼儿　　　　C. 教师　　　　D. 父母

14. 影响幼儿（　　）发展的因素主要有先天和后天的影响、知识和技能的影响和性格的影响。
    A. 思维　　　　B. 感知　　　　C. 能力　　　　D. 气质

15. "为幼儿一生的发展打好基础"是我国学前教育的（　　）。
    A. 根本任务　　B. 重要任务　　C. 主要任务　　D. 首要任务

16. 遗传素质是个体发展的物质基础，为个体的发展提供了（　　）。
    A. 可能性　　　B. 必要性　　　C. 差异性　　　D. 共同性

17. 幼小衔接工作的任务是使儿童能够尽快地适应新生活和（　　）。
    A. 培养孩子的学习兴趣　　　　B. 喜欢上学
    C. 为儿童的终身发展服务　　　D. 提高儿童的学习成绩

18. 幼儿园保育和教育的主要目标是：（　　），增强体质，培养良好的生活习惯、卫生习惯和参加体育活动的兴趣。
    A. 配合幼儿游戏
    B. 帮助家长照顾孩子
    C. 经济利益
    D. 促进幼儿身体正常发育和机能的协调发展

19. 要有组织地经常开展适合婴幼儿特点的游戏及体育活动，尤其要重视一岁半以下婴幼儿的体格锻炼，给婴儿每天做（　　）次被动操和主被动操，幼儿做1~2次体操或活动性游戏。
    A. 2~4　　　　B. 1~2　　　　C. 4~5　　　　D. 4~6

20. 保育员应至少（　　）擦拭一次窗户。

A. 1个月　　　B. 1个星期　　C. 2个月　　　D. 2个星期

21. 擦过的地面应（　　）。
　　A. 水迹　　　　B. 有水　　　　C. 无水迹　　　D. 有擦痕

22. 有风的天气，应该根据（　　）决定要开的窗子。
　　A. 风力　　　　B. 阴晴　　　　C. 气温　　　　D. 风向

23. 浸泡毛巾后应（　　）。
　　A. 蒸　　　　　B. 煮　　　　　C. 用肥皂搓　　D. 用水泡

24. 抹布可以在浓度为0.5%的（　　）中浸泡2分钟消毒。
　　A. 84消毒液　　　　　　　　　　B. 洗消净
　　C. 漂白粉澄清液　　　　　　　　D. 洗涤剂

25. 除使用84消毒液外，还可以选用（　　）对玩具进行消毒。
　　A. 0.1%的"洗消净"　　　　　　　B. 0.3%的"洗消净"
　　C. 0.8%的"洗消净"　　　　　　　D. 0.5%的"洗消净"

26. 婴幼儿的被褥应（　　）晒一次。
　　A. 半年　　　　B. 3个月　　　　C. 2个月　　　D. 1个月

27. 将物品放入蒸箱内的消毒方法是（　　）。
　　A. 煮沸法　　　B. 蒸汽法　　　C. 日晒法　　　D. 药品消毒法

28. （　　）不适用于煮沸法消毒。
　　A. 耐热物品　　B. 食具　　　　C. 金属物品　　D. 家具

29. 玩具的消毒方法是（　　）。
　　A. 日光下暴晒　B. 日光下翻晒　C. 树荫下晒　　D. 阴凉处通风

30. 使用石灰消毒粪便的比例为（　　）。
　　A. 1份粪便加2份石灰乳　　　　　B. 1份粪便加1份石灰乳
　　C. 2份粪便加1份石灰乳　　　　　D. 3份粪便加1份石灰乳

31. 应使用浓度为（　　）的过氧乙酸对不锈钢、塑料制品、体温表等物品消毒。
　　A. 0.1%～0.5%　　　　　　　　　B. 3%
　　C. 5%　　　　　　　　　　　　　D. 10%～20%

32. 配制消毒液应注意在（　　）时间进行。
　　A. 幼儿室内自由活动　　　　　　B. 幼儿睡眠
　　C. 幼儿进餐　　　　　　　　　　D. 幼儿室外自由游戏

33. 整托园教养员给幼儿晨检时，保育员应该（　　）。
　　A. 打扫寝室　　B. 打开水　　　C. 叠放压风被　D. 帮助幼儿叠被子

34. 登记幼儿药品的服用方法包括（　　）。
　　A. 药味　　　　B. 药色　　　　C. 药量　　　　D. 药效

35. 给小婴儿喂药后，应（ ）。
   A. 喂一些止吐药　　　　　　　B. 不喂任何东西
   C. 喂一些牛奶　　　　　　　　D. 喂水果

36. 给婴幼儿滴鼻药的方法是（ ）。
   A. 让婴幼儿仰卧，肩下垫个枕头，头尽量后仰，点1～2滴药液，然后起来
   B. 让婴幼儿仰卧，使鼻孔朝上，点3～4滴药液，轻揉鼻翼使药分布均匀，过一会儿再起来
   C. 让婴幼儿仰卧，肩下垫个枕头，头尽量后仰，点3～4滴药液，轻揉鼻翼使药分布均匀，过一会儿再起来
   D. 让婴幼儿仰卧，肩下垫个枕头，头尽量后仰，使鼻孔朝上，点1～2滴药液，轻揉鼻翼使药分布均匀，过一会儿再起来

37. 在服药记录中，服药时间一项中未填，说明可能（ ）。
   A. 没吃药　　　B. 已记录　　　C. 已痊愈　　　D. 不需要

38. 指导婴幼儿发餐具应以（ ）为原则。
   A. 幼儿的要求　　　　　　　　B. 自我服务能力
   C. 父母的要求　　　　　　　　D. 婴幼儿心理特点

39. 保育员对肥胖婴幼儿应（ ）。
   A. 多盛饭　　　　　　　　　　B. 满足其食欲
   C. 控制其饮食量　　　　　　　D. 只盛菜不盛饭

40. （ ）有利于婴幼儿进餐。
   A. 婴幼儿吃饭时有陌生人出现
   B. 催促婴幼儿进餐
   C. 餐室内安静，同时轻声地播放轻松的音乐
   D. 教师聊天

41. 婴幼儿进餐时保育员应做到（ ）。
   A. 和蔼亲切地照顾婴幼儿进餐　　B. 催促吃饭慢的孩子
   C. 表扬吃饭快的孩子　　　　　　D. 边照顾进餐边扫地

42. 清洗饮水桶指的是洗（ ）。
   A. 饮水桶的外面　　　　　　　B. 饮水桶盖子
   C. 饮水桶水龙头　　　　　　　D. 饮水桶的里面和外面

43. 摄入蛋白质、无机盐多，婴幼儿对水的需要量（ ）。
   A. 与摄入蛋白质、无机盐少一样　B. 少
   C. 多　　　　　　　　　　　　　D. 与摄入蛋白质、无机盐适中一样

44. 3岁以上幼儿接水时，杯中水应达到（ ）。

A. 满杯　　　　B. 3/4 杯　　　　C. 1/2 杯　　　　D. 1/5 杯

45. 毛巾洗净消毒后应该（　　）。

　　A. 重叠挂放　　　　　　　　B. 半重叠挂放

　　C. 不挂放摞起来　　　　　　D. 彼此不重叠

46. 给婴幼儿清洗身体，应注意防止遗漏（　　），不留死角。

　　A. 身体表面　　B. 脸部　　C. 身体褶皱处　　D. 头发

47. 婴幼儿排大便后保育员的工作程序是（　　）。

　　A. 擦大便、冲厕

　　B. 擦大便、冲厕、洗手

　　C. 擦大便、为婴儿穿裤子、冲厕、洗手

　　D. 冲厕、洗手

48. 婴幼儿盥洗的毛巾数量为（　　）。

　　A. 每人1条　　B. 2人1条　　C. 3人1条　　D. 一个班2条

49. 保育员必须在婴幼儿睡眠前（　　）。

　　A. 为婴幼儿脱衣服

　　B. 为婴幼儿脱鞋

　　C. 为婴幼儿铺床

　　D. 检查婴幼儿衣袋，避免其将小物件带到床上

50. 保育员应了解（　　），以便唤醒幼儿，防遗尿。

　　A. 语言水平　　B. 幼儿的个性　　C. 运动水平　　D. 遗尿的具体时间

51. 保育员在幼儿睡眠时间更换遗尿幼儿的衣物和被褥应（　　）。

　　A. 速度慢　　B. 声音大　　C. 吵醒其他幼儿　　D. 速度快

52. 幼儿穿袜子时，手应该（　　）。

　　A. 捏住袜跟　　B. 捏住袜尖　　C. 攥紧袜筒　　D. 撑开袜筒

53. 幼儿穿袜子时，保育员应该提醒他们（　　）。

　　A. 将袜跟穿在脚面上　　　　B. 袜子穿在衬裤腿里面

　　C. 袜子筒包住衬裤的裤脚　　D. 袜子不提起来

54. 幼儿园的衣物管理工作包括（　　）。

　　A. 清洗衣物　　B. 折叠整齐　　C. 清点数量　　D. 购买衣服

55. 婴儿收拾整理图书应该（　　）。

　　A. 在保育员的协助下进行　　B. 独自进行

　　C. 小组共同整理　　　　　　D. 让家长帮助完成

56. 记录全班儿童活动情况的主要内容是记录儿童活动的分组情况；儿童在活动中的身体、情绪及参与活动的情况；儿童的交往情况及（　　）。

A. 个别儿童的情况　　　　　　B. 儿童在活动中发生的各种轶事
C. 孩子的数量　　　　　　　　D. 教育活动的内容

57. 记录设备、材料和物品的使用情况主要是记录本班设备、材料和物品的使用情况和外借的设备、材料和物品的使用情况；下一次活动需要继续保留的设备、物品和材料的情况；（　　）。
A. 需要维修和更换的设备情况等　　B. 室外活动的设备、物品和材料
C. 室内活动的设备、物品和材料　　D. 体育活动的设备、物品和材料

58. 保育员在做记录时应该描述儿童的行为表现，而不是（　　）。
A. 记录儿童的行为表现　　　　B. 描述全班儿童的活动情况
C. 记录教师的教育情况　　　　D. 解释儿童的行为表现

59. 木鱼儿属于（　　）的设备和材料。
A. 象征性游戏　　　　　　　　B. 探索活动
C. 表演游戏　　　　　　　　　D. 音乐游戏

60. 刷子、笔洗等是（　　）的玩具和材料。
A. 象征性游戏　　B. 建构游戏　　C. 语言活动　　D. 美工活动

61. 电视、录像等是（　　）的玩具和材料。
A. 语言活动　　　B. 象征性戏　　C. 建构游戏　　D. 表演游戏

62. 身体在坐、站、走、跑、卧时的（　　）称为姿势。
A. 姿态　　　　　B. 表现　　　　C. 习惯状态　　D. 状态

63. 婴幼儿不正确坐姿的主要表现是歪斜坐、躺坐、跷二郎腿、（　　）和趴着坐等。
A. 胯松懈　　　　　　　　　　B. 双脚呈内八字或外八字
C. 抖腿　　　　　　　　　　　D. 两肩歪斜

64. 保育员在做好幼儿园室外活动场地、材料的准备工作时应帮助教师（　　），根据教育的要求做好物质材料的准备工作。
A. 设计和布置活动场地　　　　B. 做好设计
C. 布置活动的环境　　　　　　D. 做好动员工作

65. 各种跳绳是幼儿园室外活动的（　　）设备、材料。
A. 大型　　　　　B. 中型　　　　C. 小型　　　　D. 微型

66. 保育员在协助教师组织婴幼儿活动中应（　　），配合教师做好各项工作。
A. 调动儿童的活动积极性　　　B. 熟悉活动的内容与要求
C. 认真完成教师布置的临时任务　D. 注意观察婴幼儿的反应

67. 学前儿童喜欢游戏的原因很多，这是由其身心发展特点和（　　）两方面决定的。

A. 其知识经验　　　　　　　　B. 教师的教育
C. 游戏本身的特点　　　　　　D. 发展水平

68. 下列游戏不属于创造性游戏是（　　）。

　　A. 角色游戏　　B. 表演游戏　　C. 结构游戏　　D. 教学游戏

69. 玩具和材料还应该具有可变性和可创造性的特点，即一种玩具材料学前儿童可以（　　），充分发挥孩子的创造性。

　　A. 尽情地玩　　　　　　　　B. 用多种方式去操作它
　　C. 几个人共同玩　　　　　　D. 多次玩

70. 对有规则游戏的指导要求保育员做到精心设计和选择游戏，（　　）。

　　A. 了解幼儿的特点和需要　　B. 与教师互相配合
　　C. 做好家长工作　　　　　　D. 激发游戏的情绪

71. 做好转换环节的工作应注意（　　），一日生活有明确的规定，一旦孩子集中后马上转换等。

　　A. 组织好转换环节　　　　　B. 重视转换环节
　　C. 尽量减少转换环节　　　　D. 尽量增加转换环节

72. 在指导学前儿童学习时，保育员应充分发挥（　　）的作用，满足孩子不同的学习需要。

　　A. 上课　　　　　　　　　　B. 练习
　　C. 不同形式的活动　　　　　D. 榜样

73. 通风是指室内空气与（　　）的流通。活动室通风形式主要有两种，一种是自然通风，另一种是人工通风。

　　A. 楼道空气　　B. 卧室空气　　C. 室外空气　　D. 盥洗室空气

74. 为保证婴幼儿的身心健康和发展，幼儿园的设备和用具都必须适合于（　　），都必须符合基本的卫生要求。

　　A. 大班　　　　　　　　　　B. 中班
　　C. 婴幼儿的年龄特点　　　　D. 小班

75. 婴幼儿衣着款式的选择应（　　）。

　　A. 色彩明亮，充满童趣
　　B. 简洁、方便、安全、大小、宽松适度、色彩明亮，充满童趣
　　C. 方便、充满童趣
　　D. 简洁、充满童趣

76. （　　），应检查体温表的水银线是否在35℃以下。

　　A. 测量体温后　　　　　　　B. 测量体温过程中
　　C. 测量体温前　　　　　　　D. 平时

77. 冷敷法是将小毛巾折叠数层，放在（　　）中浸泡，拧成半干，敷在前额或腋下等处，一般 5～10 分钟换一次。

  A. 冰开水　　　　B. 常温水　　　　C. 药水　　　　D. 冷水

78. 将普通肥皂削成圆锥形，蘸少许温水，慢慢塞入肛门，利用肥皂的机械刺激，引起（　　）。

  A. 排尿　　　　B. 无便意　　　　C. 排便　　　　D. 无尿意

79. 在扎伤的处理中，首先要将伤口用净水或（　　）清洗。

  A. 干净的纸　　　B. 醋　　　　C. 米汤　　　　D. 生理盐水

80. 在挤伤的处理中，如果指甲掀开或脱落，应（　　）。

  A. 用布包扎　　B. 晾干　　　C. 立即去医院　　　D. 用棉花包扎

二、判断题（第 81 题～第 100 题。将判断结果填入括号中，正确的填"√"，错误的填"×"。每题 1 分，共 20 分。）

81. （　　）职业的特征包括两个方面：一是谋生手段，即必需性；二是职责特定，即专门性。

82. （　　）只要保育员能像母亲一样热爱孩子就一定能做好保育工作。

83. （　　）幼儿园经常利用"胃结肠反射"训练幼儿排便。

84. （　　）认识活动以具体形象性为主要特点，是幼儿心理发展的一般特点之一。

85. （　　）幼儿园应多利用游戏化的方式进行教学活动，提高儿童学习的趣味性与适应性。

86. （　　）拖地时要压住墩布，不能上扬或抬起墩布。

87. （　　）在呼吸道传染病多发季节，应不开窗。

88. （　　）水杯可以用煮沸或日晒消毒。

89. （　　）饭菜太热可以端到室外通风处。

90. （　　）发放餐具过程中，若餐具掉落在地，应继续使用。

91. （　　）保育员每天应为婴幼儿提供水温适宜的温开水。

92. （　　）婴幼儿的便盆应清洁、不冰凉。

93. （　　）婴幼儿洗手只需将手心、手背、手指洗干净。

94. （　　）保育员应该及时纠正婴幼儿的不良睡姿。

95. （　　）在保管物品方面，保育员应该做到来路明、销路清、不丢失。

96. （　　）在美工活动中，保育员看到来参观的客人对孩子的画很感兴趣，于是就把它送给了客人。这种做法是正确的。

97. （　　）跷跷板属于幼儿园室外活动的大型设备材料。

98. （　　）一般来说，户外活动期间是儿童意外伤害的高发时间段，户外活动场地是儿童损伤的高发地点。

99. （　　）选购婴幼儿玩具时，玩具的大小是应重点注意的事项之一。

100. （　　）体温表是用来测量体温的仪器，又叫作体温计。

初级保育员理论知识考试模拟试卷（二）

一、单项选择题（第1题～第80题。选择一个正确的答案，将相应的字母填入题内的括号中。每题1分，满分80分。）

1. 职业道德是指人们在从事某种职业、履行其职责过程中，在思想和行为上所必须遵循的（　　）总和。

   A. 行为准则和道德规范的　　　　B. 行为准则的

   C. 道德规范的　　　　　　　　　D. 行为规范的

2. 教书育人是保育员（　　）的基本要求。

   A. 岗位职责　　B. 专业能力　　C. 职业道德　　D. 专业知识

3. 保育员要认真并善于听取家长的意见和建议，（　　），更好地配合幼儿园开展工作。

   A. 使学前儿童全方位地接受正面教育

   B. 使其能积极参与到教育孩子的过程中

   C. 有礼貌地对待家长

   D. 做好本职工作

4. 为了预防脊柱不正常弯曲，婴幼儿应该（　　）。

   A. 手背后坐好　　　　　　　　　B. 睡软床

   C. 驼背　　　　　　　　　　　　D. 保持身体正，背挺直

5. （　　）能预防婴幼儿泌尿系统感染。

   A. 从后向前擦屁股　　　　　　　B. 睡前不盥洗

   C. 充足饮水　　　　　　　　　　D. 清洗外阴的毛巾不用消毒

6. 婴幼儿读书写字时，光线应该来自身体的（　　）。

   A. 左侧　　　B. 右侧　　　C. 左上方　　　D. 右上方

7. 转移注意力是矫治（　　）的好方法。

   A. 吃手　　　B. 遗尿　　　C. 夜惊　　　D. 说谎

8. 教师对待口吃幼儿的正确做法是（　　）。

   A. 多让幼儿唱歌和朗诵　　　　　B. 多多练习

C. 反复纠正　　　　　　　　　D. 不许说话

9. 补充碘最简便的方法是（　　）。

　　A. 晒太阳　　B. 吃肉　　C. 喝奶　　D. 食用碘盐

10. 为婴幼儿测体温的时间间隔是（　　）小时。

　　A. 半　　B. 1　　C. 2　　D. 4

11. 视力就是人们通常所说的视敏度，是指幼儿分辨细小物体或远距离物体细微部分的（　　）。

　　A. 眼力　　B. 视敏度　　C. 结果　　D. 能力

12. 幼儿情绪的一般特点是（　　）、易变化、易受感染和易外露。

　　A. 很含蓄　　B. 很理智　　C. 易冲动　　D. 易高兴

13. 幼儿的社会关系主要表现在两个方面，（　　）和与成人的关系。

　　A. 与老师的关系　　　　　　B. 与父母的关系
　　C. 与邻里的关系　　　　　　D. 与同龄伙伴的关系

14. 幼儿常见的社会行为主要有（　　）等。

　　A. 反抗、竞争、模仿、学习　　B. 反抗、竞争、游戏、攻击
　　C. 反抗、竞争、游戏、学习　　D. 反抗、竞争、模仿、打闹

15. （　　），我国恢复和建立了各级学前教育组织机构，颁布和制定了一系列关于学前教育的指导性文件和法律、法规。

　　A. 文化大革命期间　　　　　　B. 十一届三中全会以后
　　C. 新中国成立后　　　　　　　D. 进入 20 世纪 90 年代以来

16. 幼儿园的教育目标应该划分层次，最高层是（　　）。

　　A. 《幼儿园工作规程》规定的幼儿园的任务
　　B. 我国的教育目的
　　C. 教育方针
　　D. 社会发展的目标

17. 狭义的环境是指在学前教育机构中，对学前儿童身心发展产生影响的（　　）要素的总和。

　　A. 物质和精神　　　　　　B. 自然与社会
　　C. 家庭与幼儿园　　　　　D. 幼儿园与社区

18. 幼小衔接工作应贯穿于（　　）而非入学前的突击训练。

　　A. 整个幼儿期　　　　　　B. 大班第二学期
　　C. 过渡期　　　　　　　　D. 大班

19. 幼儿园应制订合理的幼儿一日生活作息制度。两餐间隔时间不得少于三小时半。幼儿（　　）的时间在正常情况下，每天不得少于两小时，寄宿制幼儿园不得少

于三小时，高寒、高温地区可酌情增减。

  A. 游戏活动 B. 学习活动 C. 户外活动 D. 生活活动

20. 《学生伤害事故处理办法》第38条规定，幼儿园发生的伤害事故，应当根据幼儿为（　）的特点，参照该办法处理。

  A. 完全无行为能力人 B. 完全行为能力人

  C. 正常人 D. 自然人

21. 扫地时应做到（　）。

  A. 关窗 B. 开窗 C. 关门 D. 关灯

22. 保育员摆放水杯和毛巾前应注意先（　）。

  A. 戴手套 B. 洗澡 C. 清洁双手 D. 让幼儿洗手

23. 新鲜空气对幼儿的作用是（　）。

  A. 使幼儿缺氧 B. 有异味

  C. 杀灭病菌 D. 使幼儿精神，不睡觉

24. 餐具常用的消毒方法是（　）。

  A. 蒸汽消毒法 B. 消毒液擦拭 C. 日晒 D. 肥皂清洗

25. 门把手、桌椅等应用浓度为（　）的"洗消净"消毒。

  A. 0.8% B. 1% C. 0.2% D. 0.5%

26. 图书的消毒方法是（　）。

  A. 日光下暴晒 B. 日光下翻晒 C. 树荫下晒 D. 阴凉处通风

27. 保育员每天对（　）的消毒次数最多。

  A. 餐具 B. 玩具 C. 厕所 D. 被褥

28. 清洁工具应（　），用后清洗，并保持干燥。

  A. 给幼儿使用 B. 一物多用 C. 专用 D. 混用

29. 蒸汽消毒前，应先（　）。

  A. 晾干欲消毒物品 B. 煮

  C. 洗净欲消毒物品 D. 药品消毒

30. 石灰乳剂常用于（　）的消毒。

  A. 呼吸道疾病患者的衣物 B. 消化道疾病患者的粪便

  C. 消化道疾病患者的食物 D. 呼吸道疾病患者的粪便

31. 浓度为（　）漂白粉澄清液可以消毒用具、家具等。

  A. 0.1%～0.2% B. 2%

  C. 0.2%～1% D. 1%～10%

32. 配制消毒液后应将消毒液（　）。

  A. 倒出 B. 搅拌均匀 C. 加温 D. 全部使用掉

33. 晨检时，保育员应检查婴幼儿的衣兜，将小物件收起来，以防（　　）。
    A. 婴幼儿不听课　　　　　　　　B. 婴幼儿玩小物件
    C. 婴幼儿不吃饭　　　　　　　　D. 出现异物入呼吸道

34. 婴幼儿服药结束后，保育员应该（　　）。
    A. 做其他工作　　　　　　　　　B. 休息
    C. 与幼儿游戏　　　　　　　　　D. 做好服药纪录

35. 保育员为婴幼儿（　　）切不可出错。
    A. 玩游戏　　B. 准备药物　　C. 组织睡眠　　D. 组织盥洗

36. 给婴幼儿点眼药的方法是（　　）。
    A. 用左手食指、拇指用力分开婴幼儿上下眼皮，让他向上看，把药滴在下眼皮内，每次3~4滴
    B. 用左手食指、拇指轻轻分开婴幼儿上下眼皮，让他向上看，把药滴在下眼皮内，每次3~4滴
    C. 用左手食指、拇指轻轻分开婴幼儿上下眼皮，让他向下看，把药滴在下眼皮内，每次1~2滴
    D. 用左手食指、拇指轻轻分开婴幼儿上下眼皮，让他向上看，把药滴在下眼皮内，每次1~2滴

37. 给婴幼儿滴耳药的方法是（　　）。
    A. 让婴幼儿侧着躺，病耳向上，并向下、向后轻拉耳垂，使外耳道伸直，用干净的棉花签把外耳道内的脓液擦干净，滴入1~2滴药液，轻轻按揉耳屏使药液分布均匀
    B. 让婴幼儿仰着躺，用干净的棉花签把外耳道内的脓液擦干净，滴入1~2滴药液，轻轻按揉耳屏使药液分布均匀
    C. 让婴幼儿仰着躺，病耳向上，并向下、向后轻拉耳垂，使外耳道伸直，用干净的棉花签把外耳道内的脓液擦干净，滴入3~4滴药液，轻轻按揉耳屏使药液分布均匀
    D. 让婴幼儿侧着躺，病耳向上，并向下、向后轻拉耳垂，使外耳道伸直，滴入1~2滴药液，然后起身

38. 协助体检包括（　　）。
    A. 核对名单　　B. 批评婴幼儿　　C. 测量身高体重　　D. 核对性别

39. 保育员给婴幼儿分发饭菜的顺序是（　　）。
    A. 先发菜和汤，再盛饭　　　　　B. 先发饭和汤，再盛菜
    C. 同时发放在一个碗中　　　　　D. 先盛饭菜，再盛汤

40. 婴幼儿需要添饭菜，保育员应该（　　）。

A. 干完自己的事情再添加 B. 及时添加
C. 待全班都需添加时再统一添加 D. 给喜欢的孩子添加

41. 婴幼儿的餐桌椅应（ ）。
   A. 靠窗摆放　　B. 位置固定　　C. 位置不固定　　D. 紧密摆放

42. 婴幼儿进餐中容易出现的意外问题有（ ）。
   A. 说话　　B. 呕吐　　C. 打喷嚏　　D. 小便

43. 补充饮用水应注意（ ）。
   A. 让幼儿抬水　　　　　　B. 让幼儿旁观
   C. 避开幼儿　　　　　　　D. 放在幼儿活动区

44. 保育员需要照顾（ ）的婴幼儿喝水。
   A. 6岁　　B. 5岁　　C. 4岁以下　　D. 3岁以下

45. 幼儿剧烈运动后大量喝水不利于（ ）的健康。
   A. 心脏　　B. 胃肠　　C. 肺　　D. 大脑

46. 清洗婴儿身体之前，应先（ ）。
   A. 穿衣服　　　　　　　　B. 将身体擦干
   C. 将身体打湿　　　　　　D. 往身体上擦油

47. 久坐便盆对婴幼儿的不利影响是（ ）。
   A. 可以把便盆当椅子坐　　B. 最终能排出大便
   C. 肛门脱出　　　　　　　D. 排便时间长

48. 婴幼儿大小便后，保育员应督促（ ）独自冲厕、洗手。
   A. 中大班幼儿　　B. 小班幼儿　　C. 2岁幼儿　　D. 2岁以下

49. 保育员在寝室开窗通风的时间是（ ）。
   A. 冬季时间长　　　　　　B. 冬季全天开窗
   C. 夏季全天开窗　　　　　D. 根据具体情况决定开窗的时间和多少

50. 保育员应控制婴幼儿的（ ），避免孩子因上厕所影响睡眠。
   A. 喝汤量　　B. 饭量　　C. 上厕所的次数　　D. 游戏的时间

51. 对已经尿床的幼儿，保育员应该（ ）。
   A. 提醒幼儿排尿　　　　　B. 让幼儿自己清洗尿湿的衣物
   C. 批评幼儿　　　　　　　D. 让幼儿继续睡觉

52. 指导幼儿穿裤子前应先（ ）。
   A. 分辨前后　　B. 双手提裤腰　　C. 伸腿　　D. 穿上衣

53. 幼儿学习系鞋带的年龄为（ ）岁。
   A. 2～3　　B. 3～4　　C. 5～6　　D. 4～5

54. 冬季婴幼儿午睡的穿衣顺序是（ ）。

A. 袜子→毛衣→裤子→鞋　　　　　B. 裤子→袜子→鞋→毛衣

C. 裤子→毛衣→袜子→鞋　　　　　D. 毛衣→裤子→袜子→鞋

55. 存放教具的分类柜应（　　），以便于寻找。

　　A. 标出存放的全部教具名称　　　B. 不贴任何标签

　　C. 用颜色标志名称　　　　　　　D. 标出编号和教具名称

56. 保育工作记录的内容主要有：全班儿童的活动情况、个别儿童情况和（　　）。

　　A. 设备、材料、物品的使用情况　B. 孩子的数量

　　C. 教育活动的内容　　　　　　　D. 教师的教育情况

57. 记录个别儿童情况的主要内容是记录体弱儿童的（　　），以及个别需要帮助的儿童的情况。

　　A. 吃饭情况　　　　　　　　　　B. 身体和活动情况

　　C. 睡眠情况　　　　　　　　　　D. 交往情况

58. 设计保育工作记录表格时，要考虑记录的目的和内容不要过于烦琐，应该以记录方便、省时、（　　）为目的。

　　A. 格式正确　　B. 可行　　　　C. 省力　　　　D. 详细

59. 保育员要与（　　）共同对活动的场地、设备、活动中使用的工具、材料等进行初步的收拾和整理。

　　A. 幼儿和教师　B. 幼儿　　　　C. 教师　　　　D. 其他同事

60. 电池、手电等电器用品是（　　）的玩具和材料。

　　A. 象征性游戏　B. 探索活动　　C. 建构游戏　　D. 语言活动

61. 积木、积塑等玩具是（　　）的玩具和材料。

　　A. 表演游戏　　B. 象征性游戏　C. 建构游戏　　D. 语言活动

62. 纠正婴幼儿不正确姿势的步骤是（　　）、讲解要领、要求模仿、日常检查和提醒。

　　A. 纠正错误　　B. 总结　　　　C. 练习　　　　D. 示范

63. 婴幼儿正确的走姿主要是上体正直，双手在行进中自然地摆动，（　　）步伐均匀，有精神等。

　　A. 上体稍向前倾　　　　　　　　B. 上下肢动作协调

　　C. 用脚掌着地　　　　　　　　　D. 屈肘在体侧

64. 婴幼儿不正确姿势的形成是（　　）的结果。

　　A. 忽视培养　　B. 长期积累　　C. 不正确教育　D. 家庭影响

65. 摇椅是幼儿园室外活动的（　　）设备、材料。

　　A. 微型　　　　B. 小型　　　　C. 中型　　　　D. 大型

66. 保育员在组织儿童进行室外活动的注意事项是：安全第一和（　　）。
    A. 调动儿童的活动积极性　　　　B. 与儿童共同游戏
    C. 做好保护性措施　　　　　　　D. 加强与教师的沟通

67. 学前儿童的好奇、好问不光表现在爱问问题上，还表现在（　　）。
    A. 喜爱读书上　　　　　　　　　B. 喜爱模仿上
    C. 喜欢动手尝试和探索上　　　　D. 游戏上

68. 按游戏中的创造性分，可以把游戏分为创造性游戏和（　　）两种。
    A. 有规则的游戏　　　　　　　　B. 集体游戏
    C. 教学游戏　　　　　　　　　　D. 活动性游戏

69. 下列游戏属于有规则游戏的是（　　）。
    A. 音乐游戏　　B. 平行游戏　　C. 联合游戏　　D. 独自游戏

70. 指导学前儿童的自由游戏应做到尊重儿童游戏的自主性；认真观察儿童的游戏，了解儿童游戏的真实情况，（　　）。
    A. 合理地参与游戏，为孩子顺利开展游戏提供支持
    B. 精心设计和选择游戏
    C. 激发游戏的情绪
    D. 保证游戏的时间

71. 按（　　）分可以把幼儿的一日生活分为上午的活动、下午的活动、晚间的活动三部分。
    A. 时间　　　　B. 内容　　　　C. 性质　　　　D. 地点

72. 学前儿童在学习的速率、（　　）、方式、效率、水平等方面都存在着很大差异。
    A. 进度　　　　B. 方法　　　　C. 特点　　　　D. 效果

73. 协助教师组织婴幼儿室外活动时，每次活动前保育员一定要对（　　）做认真的检查，确保婴幼儿使用的安全性。
    A. 场地　　　　　　　　　　　　B. 材料
    C. 设备　　　　　　　　　　　　D. 场地、设备、材料

74. （　　）应保持整洁、安静、经常开窗通风。在婴幼儿进入寝室午睡前，开窗换气10分钟左右。
    A. 活动室　　　B. 寝室内　　　C. 盥洗室　　　D. 楼道

75. （　　）是婴幼儿桌椅的卫生要求之一。
    A. 桌椅的配置应以老师的要求为依据
    B. 桌椅的配置应以婴幼儿的年龄为依据
    C. 桌椅的配置应以婴幼儿的身高为依据

D. 桌椅的配置应以材质的性能为依据

76. （　　），保育员要注意查对幼儿姓名、药名、剂量、用法，并亲自督促幼儿服药，服药情况要做认真记录。

    A. 服药后　　　　　　　　B. 服药过程中
    C. 服药前三个小时　　　　D. 服药前

77. （　　）一般分为药物降温和物理降温两种。

    A. 降温措施　　B. 吃退烧药　　C. 人的体温　　D. 体温

78. 酒精擦拭降温法是用70％的酒精或白酒加水（　　）倍稀释，然后用小毛巾浸泡后擦腋下、肘部、颈部两侧等处。

    A. 2　　　　　B. 3　　　　　C. 1　　　　　D. 4

79. 在蹭破皮肤的处理中，首先要观察（　　），是处理的步骤之一。

    A. 伤口的深浅　　B. 皮肤　　　C. 手　　　　D. 脚

80. 在划伤、切伤的处理中，在伤口周围用75％的酒精由里向外消毒，敷上消毒纱布，用（　　）包扎，是处理划伤、切伤的步骤之一。

    A. 绷带　　　　B. 衣服　　　C. 卫生纸　　　D. 碎布

二、判断题（第81题～第100题。将判断结果填入括号中，正确的填"√"，错误的填"×"。每题1分，共20分。）

81. （　　）职业是人们在社会中所从事的，并以此为生的具有特定职责的专门性活动。

82. （　　）从广义上讲，保育员的职业道德包括教师的职业道德、职业精神、思想观念、道德品质等属于意识形态领域的诸多内容。

83. （　　）乳牙有20颗。

84. （　　）婴幼儿吃脂肪对血管不好。

85. （　　）《幼儿园教育指导纲要》要求城乡各类学前教育机构都应从实际出发，因地制宜地实施素质教育，为幼儿一生的发展打好基础。

86. （　　）孩子上课随便说话、玩东西、搞小动作是其缺乏独立意识和独立生活能力的表现。

87. （　　）厕所应该无尿碱、无异味。

88. （　　）室温过高时应采用自然通风的方式降温。

89. （　　）服药后的婴幼儿应安静片刻。

90. （　　）分发餐具应在餐前5～10分钟。

91. （　　）发给婴幼儿的主食应达到班级的平均量。

92.（　　）婴幼儿喝水速度应该快。

93.（　　）发愣或打冷战说明婴幼儿要排大便。

94.（　　）让全班婴幼儿同时上床睡觉是较好的组织方式。

95.（　　）幼儿要严格按照固定宽度折叠被子。

96.（　　）保育员布置好场地后,应根据活动的需要和教师的要求,把教具和物质材料等摆放到指定的位置上。

97.（　　）在平时的活动中,保育员要注意观察幼儿的行为表现,提醒婴幼儿保持正确的姿势。

98.（　　）保育员应因地制宜地为幼儿创设游戏条件（时间、空间、材料）。

99.（　　）组织外出活动或交接班,要清点人数,防止婴幼儿丢失。

100.（　　）对幼儿爱吃的、有颜色的、太小的物品,幼儿园应有专人保管,保育员每次使用这些物品时要登记、记录,使用完后剩余部分要上交保管。

初级保育员理论知识考试模拟试卷（三）

一、单项选择题（第1题～第80题。选择一个正确的答案，将相应的字母填入题内的括号中。每题1分，满分80分。）

1. 职业是人们在社会中所从事的，并以此为生的（　　）的专门性活动。
   A. 具有特定职责　　　　　　　B. 人类社会
   C. 具有一定社会价值　　　　　D. 具有一定职责

2. 职业的特征包括两个方面：一是谋生手段，即（　　）；二是职责特定，即专门性。
   A. 可能性　　　B. 生存性　　　C. 劳动性　　　D. 必需性

3. 职业道德是指人们在从事某种职业、履行其职业职责过程中，在（　　）所必须遵循的行为准则和道德规范的总和。
   A. 思想和行为上　　B. 工作中　　C. 劳动中　　D. 思想上

4. 热爱幼儿要求保育员不仅要爱护孩子，而且还要（　　）。
   A. 团结协作　　　　　　　　　B. 遵纪守法
   C. 尊重孩子，严格要求孩子　　D. 做好保育工作

5. （　　）是保育员职业守则的重要内容之一。
   A. 为人师表，遵纪守法　　　　B. 具有高度的社会责任感
   C. 具有深厚的教育理论　　　　D. 认真履行岗位职责

6. 婴幼儿的腕骨未骨化，所以为他们提供的玩具应（　　）。
   A. 柔软　　　B. 轻　　　C. 重　　　D. 坚硬

7. 为了保证脊柱的正常姿态，婴幼儿应该（　　）。
   A. 睡软床　　　　　　　　　　B. 背重物
   C. 保持良好的体姿　　　　　　D. 注意站立的姿势

8. 婴幼儿关节附近韧带松，关节窝浅，容易发生（　　）。
   A. 骨折　　　B. 脱臼　　　C. 肌肉拉伤　　　D. 韧带损伤

9. 婴幼儿声带（　　），容易疲劳。
   A. 厚　　　B. 娇嫩　　　C. 长　　　D. 薄

10. （　　）岁是扁桃体发育的高峰，幼儿常容易患扁桃体炎。
   A. 3　　　　B. 4～10　　　　C. 12　　　　D. 18

11. 婴幼儿不应接触有毒的用品，是因为（　　）。
   A. 皮肤的渗透作用强　　　　B. 皮肤的渗透作用差
   C. 排泄作用差　　　　D. 代谢功能强

12. 婴幼儿的内衣应该是（　　）质地的。
   A. 丝绸　　　B. 化纤　　　C. 纯羊毛　　　D. 纯棉

13. 婴幼儿大脑皮层神经活动的特点是（　　）。
   A. 易兴奋　　　　B. 易抑制
   C. 不易兴奋和抑制　　　　D. 既容易兴奋又容易抑制

14. （　　）创办的"幼儿学校"被认为是世界上第一所幼儿社会教育机构。
   A. 福禄贝尔　　B. 蒙台梭利　　C. 陈鹤琴　　D. 欧文

15. 1762年出版的半论文、半小说体裁的著作（　　）是卢梭的代表作。
   A. 《爱弥儿——论教育》　　　　B. 《儿童心理之研究》
   C. 《理想国》　　　　D. 《大教学论》

16. "为幼儿一生的发展打好基础"是我国学前教育的（　　）。
   A. 根本任务　　B. 重要任务　　C. 主要任务　　D. 首要任务

17. 学前教育目标制定的依据是教育目的和（　　）。
   A. 社会需要　　　　B. 儿童身心发展的实际水平和需要
   C. 幼儿园教育任务　　　　D. 幼儿教育的性质

18. 当孩子出现错误行为时，保育员应（　　）。
   A. 首先对行为好的方面进行表扬和鼓励
   B. 首先对行为不好的方面进行批评和惩罚
   C. 顺其自然
   D. 一视同仁

19. 使用抹布后应先（　　）。
   A. 用消毒液浸泡　　　　B. 将粘附在抹布上的污物冲洗掉
   C. 用肥皂洗　　　　D. 晾干

20. 保育员对玩具消毒的次数是（　　）。
   A. 每周2次　　B. 每周1次　　C. 2周1次　　D. 每天1次

21. 全托婴幼儿的床单应（　　）周换洗一次。
   A. 1　　　　B. 2　　　　C. 3　　　　D. 4

22. 将物品浸入水中，用水煮的消毒方法是（　　）。
   A. 煮沸法　　B. 蒸汽法　　C. 日晒法　　D. 药品消毒法

23. 为婴幼儿服药前应准备（　　）。
    A. 温白开水　　B. 可乐　　C. 茶水　　D. 开水

24. 婴幼儿吃药后应避免马上（　　）活动。
    A. 安静　　B. 剧烈　　C. 睡觉　　D. 学习

25. 保育员保管婴幼儿药物时应做好（　　）工作。
    A. 登记　　B. 收藏　　C. 勾兑　　D. 核对

26. 保育员为婴幼儿准备药物（　　）。
    A. 可在别的环节捎带进行　　B. 可用零碎时间进行
    C. 可用完整时间进行，切不可出错　　D. 可在擦地、洗毛巾时穿插进行

27. 给小婴儿喂药时，应将药物处理成（　　）状。
    A. 粉末　　B. 半流体　　C. 小颗粒　　D. 整粒

28. 保育员在给婴幼儿点眼药前应先（　　）。
    A. 洗干净手　　B. 帮助幼儿脱外套
    C. 指导幼儿洗手　　D. 戴上手套

29. 饭菜保温保洁的原则是（　　）。
    A. 冬季保温，夏季散热　　B. 冬季散热，夏季保温
    C. 散热　　D. 保温

30. 指导婴幼儿发餐具应以（　　）为原则。
    A. 幼儿的要求　　B. 父母的要求
    C. 婴幼儿心理特点　　D. 婴幼儿年龄特点

31. 分发给幼儿的餐具，应摆放的位置是（　　）。
    A. 碗正对着墙　　B. 碗正对着窗户
    C. 碗正对着椅子　　D. 碗正对着对面的小朋友

32. 分发餐具过程中，若餐具掉落在地上，应（　　）。
    A. 用纸巾擦干净后分发下去　　B. 拾起分发下去
    C. 立即更换　　D. 用水冲净后分发下去

33. 保育员给婴幼儿分发饭菜要（　　）。
    A. 给喜欢的孩子多盛饭菜　　B. 给每个孩子的饭菜量一致
    C. 给不喜欢的孩子少盛饭菜　　D. 给不喜欢的孩子多盛菜汤

34. 发放给每个幼儿的主食量应该达到（　　）。
    A. 按最大摄食量提供　　B. 班级平均摄食量标准
    C. 按最小摄食量提供　　D. 因人而异

35. 保育员应每天使用（　　）清洗饮水桶。
    A. 消毒剂　　B. 84消毒液　　C. 洗涤剂　　D. 漂白粉

36. 保育员应每天为婴幼儿准备（   ）。
    A. 开水　　　　　　　　　　　B. 自来水
    C. 凉白开　　　　　　　　　　D. 温度适宜的温开水

37. 保育员准备饮用水应注意（   ）。
    A. 开水进班　　B. 开水不进班　　C. 凉水进班　　D. 生水进班

38. 婴幼儿对水的需要量受（   ）的影响。
    A. 食物的质和量　B. 口感　　　C. 时间　　　D. 兴趣

39. 清洗毛巾应使用（   ）清除毛巾的污物。
    A. 碱　　　　　B. 洗涤剂　　　C. 清水　　　D. 去污粉

40. 在给婴儿洗身体以前，保育员应先（   ）。
    A. 洗手　　　　B. 洗脸　　　　C. 洗澡　　　D. 更衣

41. 给婴幼儿洗脸时，应注意让其（   ）。
    A. 睁开眼　　　B. 闭眼　　　　C. 张口　　　D. 屏住呼吸

42. 婴儿排便前，保育员应为其准备（   ）的便盆。
    A. 较大　　　　　　　　　　　B. 使用后未清洗
    C. 清洁且不冰屁股　　　　　　D. 放置于室外的便盆

43. （   ）为婴儿大便的预兆。
    A. 没反应　　　B. 排臭气　　　C. 语言提示成人　D. 固定姿势

44. 保育员准备的睡眠环境有（   ）。
    A. 拉窗帘，准备温暖的寝具
    B. 开窗通风，拉窗帘，准备温暖的寝具
    C. 开窗通风，拉窗帘，准备温暖的寝具，安静
    D. 开窗通风，拉窗帘，准备温暖的寝具，安静，排便

45. 婴幼儿睡眠前可以进行（   ）游戏。
    A. 竞赛性　　　B. 户外散步　　C. 动脑　　　D. 激烈

46. （   ）的婴幼儿可以提前进入睡眠室，提前睡觉。
    A. 体弱　　　　B. 精力旺盛　　C. 不喜欢睡　　D. 体质好

47. 组织婴幼儿睡眠时应避免（   ）。
    A. 动作轻柔　　B. 声音小　　　C. 大呼小叫　　D. 安静

48. 保育员可以用（   ）为婴幼儿营造睡眠气氛。
    A. 表情　　　　B. 语言　　　　C. 歌声　　　D. 沉默

49. 保育员应与有遗尿习惯的婴幼儿家长取得联系，准备备用的（   ）。
    A. 内衣裤和被褥　B. 鞋和袜　　　C. 枕巾　　　D. 毛衣

50. 发现幼儿尿床后，保育员首先应该（   ）。

A. 给幼儿更换衣服　　　　　　B. 唤醒幼儿
C. 给幼儿清洗　　　　　　　　D. 更换被褥

51. 保育员应该知道婴幼儿物品的（　　）。
A. 归属　　　B. 名称　　　C. 大小　　　D. 价格

52. 班里发现有多出来的玩具和图书，保育员应该（　　）。
A. 不必理会　　　　　　　　B. 让幼儿玩
C. 借给外班玩　　　　　　　D. 调查多出来的玩具和图书的出处

53. 保育工作记录的内容主要有：全班儿童的活动情况，个别儿童情况和（　　）。
A. 设备、材料、物品的使用情况　　B. 孩子的数量
C. 教育活动的内容　　　　　　　　D. 教师的教育情况

54. 每次使用电教设备时，保育员在（　　）要仔细检查，发现问题及时解决。
A. 活动前　　B. 活动后　　C. 活动前、后　　D. 活动中

55. 保育员在纠正婴幼儿不良姿势时首先是在各项活动和日常生活中认真观察幼儿的表现，（　　）。
A. 做好教育工作　　　　　　　　B. 向教师汇报幼儿的情况
C. 及时发现婴幼儿不正确的姿势　　D. 提高教育意识

56. 纠正婴幼儿不正确姿势的步骤是示范、讲解要领、要求模仿、（　　）。
A. 总结　　　　　　　　　　　B. 练习
C. 日常检查和提醒　　　　　　D. 纠正错误

57. 身体在坐、站、走、跑、卧时的（　　）称为姿势。
A. 姿态　　　B. 表现　　　C. 习惯状态　　　D. 状态

58. 婴幼儿正确的读写姿势应该是端坐于桌前，身体离桌（　　）远。
A. 一尺　　　B. 半尺　　　C. 一拳　　　D. 两拳

59. 婴幼儿不正确的卧姿主要有趴着睡、蒙头睡和（　　）等。
A. 开灯睡　　B. 仰睡　　　C. 右侧卧睡　　D. 左侧卧睡

60. 婴幼儿不正确姿势的形成是（　　）的结果。
A. 忽视培养　　B. 长期积累　　C. 不正确教育　　D. 家庭影响

61. 保育员在进行室外活动的场地、材料的准备和收拾整理工作时的注意事项是：（　　）和做好保护性措施。
A. 调动儿童的活动积极性　　　B. 与儿童共同游戏
C. 安全第一　　　　　　　　　D. 加强与教师的沟通

62. 保育员在协助教师组织婴幼儿活动中应了解教育目标及本次活动的教育意图，努力做到心中有目标，（　　）。

A. 调动儿童的活动积极性　　　　B. 与儿童共同游戏
C. 眼中有孩子　　　　　　　　　D. 加强与教师的沟通

63. 学前儿童身体发展的主要特点是（　　）。
A. 活泼好动，热爱游戏　　　　　B. 身体娇嫩，发展迅速
C. 喜爱模仿，勇于实践　　　　　D. 个性独特，充满差异

64. 游戏的（　　）是学前儿童喜欢游戏的最重要的原因之一。
A. 假想性　　B. 活动性　　C. 自主、自愿性　　D. 社会性

65. 按游戏的（　　）分，可以把游戏分为安静性游戏和活动性游戏两种。
A. 性质　　　　　　　　　　　　B. 教师对游戏的干预程度
C. 参与游戏人数的不同　　　　　D. 创造性的程度

66. 下列游戏属于创造性游戏的是（　　）。
A. 表演游戏　　B. 音乐游戏　　C. 体育游戏　　D. 教学游戏

67. 下列游戏属于有规则游戏的是（　　）。
A. 表演游戏　　B. 角色游戏　　C. 结构游戏　　D. 智力游戏

68. 为游戏提供的游戏材料应强调多功能性和（　　）。
A. 游戏性　　B. 安全性　　C. 参与性　　D. 可变性

69. 玩具和材料是学前儿童游戏的（　　）。
A. 支持　　　B. 物质基础　　C. 条件　　D. 教科书

70. 在儿童进行自由游戏、创造性游戏的过程中，保育员的指导应以（　　）为主。
A. 直接指导　　B. 间接指导　　C. 静态指导　　D. 动态指导

71. 一般来说，户外活动是儿童（　　）的高发时间段，户外活动场地是儿童损伤的高发地点。
A. 腿疼　　　B. 发烧　　　C. 意外伤害　　　D. 喝水

72. 组织（　　）或交接班，要清点人数，防止婴幼儿丢失。
A. 小组活动　　B. 区域活动　　C. 教学活动　　D. 外出活动

73. 通风是指室内空气与室外空气的流通。活动室通风形式主要有两种，一种是自然通风，另一种是（　　）。
A. 人工通风　　B. 电扇通风　　C. 空调通风　　D. 扇子通风

74. 寝室内应保持整洁、安静，经常开窗通风。在婴幼儿进入寝室午睡前，开窗换气（　　）分钟左右。
A. 1　　　B. 2　　　C. 10　　　D. 4

75. 幼儿园的设备和用具，都必须符合以下基本的卫生要求：（　　），便于清洁和消毒，结构设计以及在环境中的设置较合理。

A. 色泽鲜艳　　B. 使用安全　　C. 美观　　D. 玩具要大

76. 选购婴幼儿玩具时，（　　）是应重点注意的事项之一。
    A. 玩具的形状是否美观　　　　B. 玩具的安全性
    C. 玩具的大小　　　　　　　　D. 玩具的价格

77. 降温措施一般分为药物降温和（　　）两种。
    A. 物理降温　　B. 吃退烧药　　C. 喝水　　D. 卧床休息

78. （　　）是将小毛巾折叠数层，放在冷水中浸泡，拧成半干，敷在前额或腋下等处，一般 5～10 分钟换一次。
    A. 冷敷法　　B. 酒精降温法　　C. 药物降温法　　D. 物理降温法

79. 酒精擦拭降温法是用（　　）的酒精或白酒加水一倍稀释，然后用小毛巾浸泡后擦腋下、肘部、颈部两侧等处。
    A. 75%　　B. 80%　　C. 90%　　D. 99%

80. 将普通肥皂削成（　　），蘸少许温水，慢慢塞入肛门，利用肥皂的机械刺激，引起排便。
    A. 圆锥形　　B. 正方体　　C. 长方体　　D. 柱体

二、判断题（第 81 题～第 100 题。将判断结果填入括号中，正确的填"√"，错误的填"×"。每题 1 分，共 20 分。）

81. （　　）婴儿动作的发展是指大肌肉和小肌肉动作的发展。

82. （　　）自我意识就是人对自己和自己心理的认识。

83. （　　）心理活动及行为的无意性是幼儿心理发展的一般特点之一。

84. （　　）有人认为年龄越小，视力越好。

85. （　　）观察的目的性较强，不容易受外界新异刺激的干扰并能持久。

86. （　　）未成年人是指未满 16 周岁的公民。

87. （　　）父母或者其他监护人应当尊重未成年人接受教育的权利，必须使适龄未成年人按照规定接受义务教育，不得使在校接受非义务教育的未成年人辍学。

88. （　　）每天应不止一次地擦拭桌面和地面。

89. （　　）幼儿园应该进行干性扫除。

90. （　　）拖地时要压住墩布，不能上扬或抬起墩布。

91. （　　）保育员工作应该认真，不应留死角。

92. （　　）刷便池前应先浸泡便池。

93. （　　）毛巾的消毒方法是浸泡后消毒。

94. （　　）水杯消毒前只需用水冲洗。

95.（ ）保育员消毒餐具前应洗净餐具。

96.（ ）保育员每天应对桌椅、门把手等消毒 1 次。

97.（ ）图书的消毒方法是暴晒书皮。

98.（ ）保育员每天首先消毒的对象是玩具、图书。

99.（ ）"他非常讨厌小浩，不愿意与他玩儿"这条记录是做了客观描述的记录。

100.（ ）保育员在做收拾整理工作时，要把废旧材料清理干净，并及时开窗通风，保证室内场地、设备的清洁卫生。

初级保育员理论知识考试模拟试卷（四）

一、单项选择题（第1题～第80题。选择一个正确的答案，将相应的字母填入题内的括号中。每题1分，满分80分。）

1. （　　）是指人们在从事某种职业、履行其职责过程中，在思想和行为上所必须遵循的行为准则和道德规范的总和。
    A. 职业　　　　　　　　　　B. 职业道德
    C. 道德　　　　　　　　　　D. 保育员职业道德

2. 从广义上讲，保育员的（　　）包括教师的职业道德、职业精神、思想观念、道德品质等属于意识形态领域的诸多内容。
    A. 职业修养　　B. 职业道德　　C. 工作　　　　D. 职业要求

3. 保育员工作的对象是（　　），敏感、活跃又易受外界影响，可塑性很强的学前儿童。
    A. 各方面都尚未定型　　　　B. 3～6岁
    C. 0.6岁　　　　　　　　　　D. 比较脆弱

4. 保育员必须要一视同仁地尊重和对待每位家长，（　　），这也是教育公正的要求之一。
    A. 教育好每位家长　　　　　B. 与其建立诚挚平等的关系
    C. 满足家长的要求　　　　　D. 做好家长工作

5. 保育员要教育孩子学会宽容，（　　），学会与别人一起游戏。
    A. 发现别人的长处　　　　　B. 发现别人的缺点
    C. 学会保护自己的利益　　　D. 学会工作

6. 婴幼儿的腕骨未骨化，所以为他们提供的玩具应（　　）。
    A. 柔软　　　　B. 轻　　　　　C. 重　　　　　D. 坚硬

7. （　　）岁的幼儿可以学习刷牙。
    A. 2　　　　　　B. 3　　　　　　C. 5　　　　　　D. 6

8. 婴儿生理性流涎发生的原因是（　　）。
    A. 不会吞咽　　B. 口腔溃疡　　C. 频繁吞咽　　D. 口腔深

9. （　　）有利于大便通畅。
    A. 多吃蔬菜、水果和粗粮　　　　B. 多吃肉
    C. 不运动　　　　　　　　　　　D. 不喝水

10. 维生素 B_1 不存在于（　　）。
    A. 谷类　　　B. 硬果类　　　C. 豆类　　　D. 脂肪

11. 母乳营养价值高的原因之一是（　　）。
    A. 含饱和脂肪酸　　　　　　　B. 钙磷比例合适
    C. 钙磷比例不合适　　　　　　D. 不含乳糖

12. 肥胖症容易使婴幼儿产生（　　）。
    A. 孤独感　　　　　　　　　　B. 合群感
    C. 容易被孩子们接受　　　　　D. 愉快感

13. 婴儿动作的发展是指大肌肉动作和（　　）的发展。
    A. 走、跑、跳动作　　　　　　B. 小肌肉动作
    C. 腿的动作　　　　　　　　　D. 攀登、钻爬动作

14. 视力就是人们通常所说的视敏度，是指幼儿分辨细小物体或远距离物体细微部分的（　　）。
    A. 眼力　　　B. 视敏度　　　C. 结果　　　D. 能力

15. 下列属于幼儿记忆特点的是（　　）。
    A. 记忆准确　　　　　　　　　B. 语词记忆效果好
    C. 有意记忆占优势　　　　　　D. 记得快忘得也快

16. （　　）与成人的关系主要表现在亲子关系和师生关系上。
    A. 家庭　　　B. 幼儿　　　C. 教师　　　D. 幼儿园

17. （　　）在蒙台梭利教育法中占有重要地位。
    A. 整个教学法　　B. 儿童中心论　　C. 五指活动　　D. 感觉教育

18. 1903 年，在（　　）建立了我国第一个学前社会教育机构。
    A. 天津　　　B. 北京　　　C. 湖北武昌　　　D. 广州

19. 幼儿园教育是基础教育的重要组成部分，是我国学校教育和终身教育的（　　）。
    A. 奠基阶段　　B. 起始阶段　　C. 基础阶段　　D. 准备阶段

20. "为幼儿一生的发展打好基础"是我国学前教育的（　　）。
    A. 根本任务　　B. 重要任务　　C. 主要任务　　D. 首要任务

21. 幼儿园应制定合理的幼儿一日生活作息制度。两餐间隔时间不得少于（　　）。幼儿户外活动的时间在正常情况下，每天不得少于两小时，寄宿制幼儿园不得少于三小时，高寒、高温地区可酌情增减。

A. 一小时半　　B. 三小时半　　C. 二小时半　　D. 五小时

22. 保育员每日清洁工作的次数为（　　）。
　　A. 一次　　　　　　　　　　B. 贯彻全天，随脏随擦
　　C. 两次　　　　　　　　　　D. 三次

23. 便池应该重点擦拭的地方是（　　）。
　　A. 入水口　　B. 边沿　　　C. 拐角　　　D. 池外

24. 夏季开空调的房间应经常（　　）。
　　A. 开窗通风　　B. 洒水　　C. 开风扇　　D. 擦地

25. 自然通风时，室温仍达到（　　）℃，应采用人工通风。
　　A. 37　　　　B. 30　　　　C. 28　　　　D. 18

26. 对水杯消毒可以使用84消毒液浸泡（　　）分钟。
　　A. 2~3　　　B. 6~7　　　C. 5~10　　　D. 30

27. 抹布可以在浓度为0.5%的（　　）中浸泡2分钟消毒。
　　A. 84消毒液　B. 洗消净　　C. 漂白粉澄清液　D. 洗涤剂

28. 用消毒液擦拭桌椅或门把手后，应滞留（　　）分钟。
　　A. 10　　　　B. 15　　　　C. 5　　　　D. 2

29. 使用84消毒液对玩具进行浸泡，浸泡时间应为（　　）分钟。
　　A. 10　　　　B. 5　　　　C. 1　　　　D. 半

30. 清洁工具应（　　），用后清洗，并保持干燥。
　　A. 给幼儿使用　B. 一物多用　C. 专用　　　D. 混用

31. 蒸汽消毒前，应先（　　）。
　　A. 晾干欲消毒物品　　　　　B. 煮
　　C. 洗净欲消毒物　　　　　　D. 药品消毒

32. 玩具的消毒方法是（　　）。
　　A. 日光下暴晒　B. 日光下翻晒　C. 树荫下晒　D. 阴凉处通风

33. 使用石灰乳消毒粪便的时间是（　　）小时。
　　A. 1　　　　B. 2　　　　C. 3　　　　D. 4

34. 应使用（　　）消毒体温表。
　　A. 石灰　　　B. 过氧乙酸　　C. 漂白粉　　D. 日晒

35. 配制消毒液过程中应注意（　　）。
　　A. 在幼儿活动场所进行　　　B. 避开幼儿
　　C. 让幼儿触碰　　　　　　　D. 让幼儿观看

36. 婴幼儿服药结束后，保育员应该（　　）。
　　A. 做其他工作　B. 休息　　　C. 与幼儿游戏　D. 做好服药记录

37. 保育员在给婴幼儿点眼药前应先（　　）。
    A. 洗干净手　　　　　　　　　B. 帮助幼儿脱外套
    C. 指导幼儿洗手　　　　　　　D. 戴上手套

38. 协助体检包括（　　）。
    A. 指导体检的程序　　　　　　B. 批评婴幼儿
    C. 帮助婴幼儿穿脱衣服　　　　D. 测身高

39. 分发勺子或筷子时，手应抓的位置是（　　）。
    A. 筷子尖　　　　　　　　　　B. 勺子前段
    C. 攥两端　　　　　　　　　　D. 勺子柄或筷子的尾端

40. 分发餐具的时间是（　　）。
    A. 餐前 1 小时　　　　　　　　B. 餐前 20～30 分钟
    C. 餐前 2 小时　　　　　　　　D. 餐前 30～40 分钟

41. 保育员为婴幼儿分发菜肴应（　　）。
    A. 均匀、齐全　　B. 单一　　C. 因人盛菜　　D. 一次分光

42. 保育员对食欲差的体弱儿应允许（　　）。
    A. 尽量多吃　　B. 只喝奶　　C. 只喝果汁　　D. 少量进餐

43. 婴幼儿进餐中容易出现的意外问题有（　　）。
    A. 说话　　B. 呕吐　　C. 打喷嚏　　D. 小便

44. 准备饮水后，应（　　）以冲洗龙头。
    A. 空放一、两杯饮水，并舍弃　　B. 全部饮用
    C. 全部舍弃　　　　　　　　　　D. 舍弃一半

45. 保育员需要照顾（　　）的婴幼儿喝水。
    A. 6 岁　　B. 5 岁　　C. 4 岁以下　　D. 3 岁以下

46. 婴幼儿应多喝（　　）。
    A. 可乐　　B. 咖啡　　C. 白开水　　D. 果汁

47. 清洗婴儿身体之前，应先（　　）。
    A. 穿衣服　　　　　　　　　　B. 将身体擦干
    C. 将身体打湿　　　　　　　　D. 往身体上擦油

48. 婴幼儿排大便后保育员的工作程序是（　　）。
    A. 擦大便、冲厕
    B. 擦大便、冲厕、洗手
    C. 擦大便、为婴儿穿裤子、冲厕、洗手
    D. 冲厕、洗手

49. 睡眠前保育员应（　　）。

A. 提醒孩子排尿　　　　　　　　B. 组织婴幼儿游戏
C. 用许愿的方式提要求　　　　　D. 为婴幼儿讲有悬念的故事

50. 保育员应了解（　　），以便唤醒幼儿，防遗尿。
    A. 语言水平　　　　　　　　　B. 幼儿的个性
    C. 运动水平　　　　　　　　　D. 遗尿的具体时间

51. 对已经尿床的幼儿，保育员应该（　　）。
    A. 提醒幼儿排尿　　　　　　　B. 让幼儿自己清洗尿湿的衣物
    C. 批评幼儿　　　　　　　　　D. 让幼儿继续睡觉

52. 保育员唤醒遗尿幼儿的态度要（　　）。
    A. 不耐烦　　B. 亲切和蔼　　C. 严肃　　D. 冷淡

53. 保育员指导幼儿分辨衣服前后的方法是（　　）。
    A. 帮助幼儿分辨　　　　　　　B. 做记号
    C. 记忆衣服的结构　　　　　　D. 穿上再看

54. 幼儿学习系鞋带的年龄为（　　）岁。
    A. 2～3　　B. 3～4　　C. 5～6　　D. 4～5

55. 折好的被子宽应（　　）。
    A. 与床同宽　　　　　　　　　B. 不定标准
    C. 以床栏杆为标准　　　　　　D. 与肩同宽

56. 为了方便管理，每个婴幼儿的服装应该有（　　）。
    A. 正反面标记　　　　　　　　B. 班级标记
    C. 所在园标记　　　　　　　　D. 姓名标记

57. 存放教具的分类柜应（　　），以便于寻找。
    A. 标出存放的全部教具名称　　B. 不贴任何标签
    C. 用颜色标志名称　　　　　　D. 标出编号和教具名称

58. 记录全班儿童活动情况的主要内容是记录儿童活动的分组情况，儿童在活动中的身体、情绪及参与活动的情况，儿童的交往情况及（　　）。
    A. 个别儿童的情况　　　　　　B. 儿童在活动中发生的各种轶事
    C. 孩子的数量　　　　　　　　D. 教育活动的内容

59. 记录个别儿童情况的主要内容是记录体弱儿童的（　　），以及个别需要帮助的儿童的情况。
    A. 吃饭情况　　　　　　　　　B. 身体和活动情况
    C. 睡眠情况　　　　　　　　　D. 交往情况

60. 记录设备、材料和物品的使用情况主要是记录本班设备、材料和物品的使用情况和外借的设备、材料和物品的使用情况，下一次活动需要继续保留的设备、物品和材料的情况，（　　）。

　　A. 需要维修和更换的设备情况等　　B. 室外活动的设备、物品和材料

　　C. 室内活动的设备、物品和材料　　D. 体育活动的设备、物品和材料

61. 三角铁、撞铃等属于（　　）的设备和材料。

　　A. 探索游戏　　B. 象征性游戏　　C. 音乐游戏　　D. 建构游戏

62. 刷子、笔洗等是（　　）的玩具和材料。

　　A. 象征性游戏　　B. 建构游戏　　C. 语言活动　　D. 美工活动

63. 橡皮泥是（　　）的玩具和材料。

　　A. 表演游戏　　B. 象征性游戏　　C. 建构游戏　　D. 语言活动

64. 电视、录像等是（　　）的玩具和材料。

　　A. 语言活动　　B. 象征性戏　　C. 建构游戏　　D. 表演游戏

65. 婴幼儿（　　）的形成是长期积累的结果。

　　A. 兴趣　　B. 不正确姿势　　C. 智力　　D. 气质

66. （　　）是幼儿园室外活动的大型设备和材料。

　　A. 玩沙、玩水等使用的小桶、小铲等

　　B. 荡船

　　C. 拱形圈

　　D. 羊角球

67. 保育员在协助教师组织婴幼儿活动中应（　　），及时了解他们的需要，适时地给予帮助和指导。

　　A. 调动儿童的活动积极性　　B. 熟悉活动的内容与要求

　　C. 眼中有孩子　　D. 注意观察婴幼儿的反应

68. 学前儿童的好奇、好问不光表现在爱问问题上，还表现在（　　）上。

　　A. 喜爱读书　　B. 喜爱模仿

　　C. 喜欢动手尝试和探索　　D. 游戏

69. 学前儿童喜欢游戏的原因很多，这是由其身心发展特点和（　　）两方面决定的。

　　A. 其知识经验　　B. 教师的教育

　　C. 游戏本身的特点　　D. 发展水平

70. 应根据幼儿的（　　）选择和指导游戏。

　　A. 兴趣　　B. 需要　　C. 年龄特点　　D. 游戏特点

71. 玩具和材料是学前儿童游戏的（　　）。

　　A. 支持　　B. 物质基础　　C. 条件　　D. 教科书

72. 按活动的（　　）分，可以把幼儿的一日生活分为生活活动、学习活动和游

戏活动。

　　A. 时间　　　B. 内容　　　C. 性质　　　D. 地点

73. 协助教师组织婴幼儿室外活动时，每次活动前保育员一定要对（　　）做认真的检查，确保婴幼儿使用的安全性。

　　A. 场地　　　　　　　　　　B. 材料
　　C. 设备　　　　　　　　　　D. 场地、设备、材料

74. 婴幼儿起床后，应将自己的被子掀开，把贴身的部分暴露在外，然后离开寝室，保育员应开窗，通风换气（　　）分钟以后再将被子叠起。

　　A. 1　　　　　B. 2　　　　　C. 10　　　　　D. 4

75. 幼儿园桌椅最基本的卫生要求是在使用时（　　）。

　　A. 有助于良好的姿势　　　　B. 不容易损坏桌子
　　C. 颜色孩子喜欢　　　　　　D. 要干净

76. 婴幼儿（　　），因而婴幼儿的贴身内衣应选用纯棉的面料。

　　A. 怕热　　　　　　　　　　B. 怕冷
　　C. 皮肤娇嫩，排汗量多　　　D. 爱喝水

77. 服药前，保育员要注意查对幼儿姓名、药名、剂量、用法，并亲自督促幼儿服药，服药情况（　　）。

　　A. 要做认真记录　　　　　　B. 要向园长汇报
　　C. 要向保健医汇报　　　　　D. 要向副园长汇报

78. 体温表是用来（　　）的仪器。

　　A. 测量室温　　　　　　　　B. 测量室内湿度和温度
　　C. 测量户外温度　　　　　　D. 测量体温

79. 在扎伤的处理中，首先要将伤口用（　　）或生理盐水清洗。

　　A. 净水　　　　B. 醋　　　　C. 米汤　　　　D. 药水

80. 在划伤、切伤的处理中，在伤口周围用75％的酒精（　　）消毒，敷上消毒纱布，用绷带包扎，是处理划伤、切伤的步骤之一。

　　A. 由里向外　　B. 由外向里　　C. 在四周　　　D. 在纱布

二、判断题（第81题～第100题。将判断结果填入括号中，正确的填"√"，错误的填"×"。每题1分，共20分。）

81. （　　）维生素D多多益善。

82. （　　）思维的两个突出特点是间接性和概括性。

83. （　　）世界上第一所被正式命名为"幼儿园"的学前社会教育机构，是由意

大利教育家蒙台梭利创办的。

84.（　　）未成年人是指未满 18 周岁的公民。

85.（　　）应根据风力及气温等因素，决定开窗的数量和时间。

86.（　　）药品登记可做可不做。

87.（　　）给婴幼儿滴耳药的方法是让婴幼儿侧着躺，病耳向上，并向下、向后轻挣耳垂。使外耳道伸直，用干净的棉花签把外耳道内的脓液擦干净，滴入 3～4 滴药液，然后起身。

88.（　　）幼儿园服药记录包括姓名、病名、药品性状、服药时间、给药人签名等项目。

89.（　　）保育员不应该在吃饭时间解决问题。

90.（　　）保育员每天应为婴幼儿提供水温适宜的温开水。

91.（　　）给婴幼儿洗脸应注意提醒幼儿睁开眼睛。

92.（　　）婴幼儿如厕后应及时穿上裤子。

93.（　　）洗手时应尽量避免水流进婴幼儿的袖口。

94.（　　）保育员应根据每个教育活动的不同要求，独自设计和布置活动场地，摆放设备和桌椅，方便教师开展教学工作。

95.（　　）婴幼儿正确的读写姿势要求端坐于桌前，身体离桌子一拳远，眼睛离书本一尺远，书写时，一只手握在离笔端半寸左右的距离上，另一只手自然地扶着书本。

96.（　　）摇椅属于幼儿园室外活动的中型设备材料。

97.（　　）创造性游戏是学前儿童最喜欢的游戏。

98.（　　）选购婴幼儿玩具时，注意玩具的安全性是应重点注意的事项之一。

99.（　　）降温措施一般分为药物降温和吃退烧药两种。

100.（　　）将普通肥皂削成正方体，蘸少许温水，慢慢塞入肛门。利用肥皂的机械刺激，引起排便。

初级保育员理论知识考试模拟试卷参考答案（一）

一、单项选择题

1. A   2. A   3. A   4. C   5. B   6. D   7. A   8. C
9. A   10. C   11. D   12. C   13. A   14. C   15. A   16. A
17. C   18. D   19. B   20. D   21. C   22. D   23. C   24. C
25. D   26. D   27. B   28. D   29. A   30. A   31. A   32. B
33. C   34. C   35. C   36. C   37. A   38. B   39. C   40. C
41. A   42. D   43. C   44. C   45. D   46. C   47. C   48. A
49. D   50. D   51. D   52. C   53. C   54. C   55. A   56. B
57. A   58. D   59. D   60. D   61. A   62. C   63. C   64. A
65. C   66. C   67. C   68. D   69. B   70. D   71. C   72. C
73. C   74. C   75. B   76. C   77. D   78. C   79. D   80. C

二、判断题

81. √   82. ×   83. √   84. √   85. √   86. √   87. ×   88. ×
89. ×   90. ×   91. √   92. √   93. ×   94. √   95. √   96. ×
97. √   98. √   99. ×   100. √

初级保育员理论知识考试模拟试卷参考答案（二）

一、单项选择题

1. A	2. C	3. B	4. D	5. C	6. C	7. A	8. A
9. D	10. C	11. D	12. C	13. D	14. A	15. B	16. B
17. A	18. A	19. C	20. A	21. B	22. C	23. C	24. A
25. D	26. B	27. A	28. C	29. C	30. B	31. C	32. B
33. D	34. D	35. B	36. D	37. A	38. A	39. D	40. B
41. B	42. B	43. C	44. D	45. A	46. C	47. C	48. A
49. D	50. A	51. A	52. A	53. D	54. D	55. D	56. A
57. B	58. C	59. A	60. B	61. C	62. D	63. B	64. B
65. C	66. C	67. C	68. A	69. A	70. A	71. A	72. A
73. D	74. B	75. C	76. D	77. A	78. C	79. A	80. A

二、判断题

81. √	82. √	83. √	84. ×	85. √	86. ×	87. √	88. ×
89. √	90. ×	91. √	92. ×	93. ×	94. ×	95. √	96. √
97. √	98. √	99. √	100. ×				

初级保育员理论知识考试模拟试卷参考答案（三）

一、单项选择题

1. A	2. D	3. A	4. C	5. A	6. B	7. C	8. B
9. B	10. B	11. A	12. D	13. A	14. D	15. A	16. A
17. B	18. A	19. B	20. A	21. B	22. A	23. A	24. B
25. A	26. C	27. B	28. A	29. A	30. D	31. C	32. C
33. B	34. B	35. C	36. D	37. B	38. A	39. B	40. A
41. B	42. C	43. B	44. C	45. B	46. A	47. C	48. B
49. A	50. B	51. A	52. D	53. A	54. C	55. C	56. C
57. C	58. C	59. D	60. B	61. C	62. C	63. B	64. C
65. A	66. A	67. D	68. D	69. B	70. B	71. C	72. D
73. A	74. C	75. B	76. B	77. A	78. A	79. A	80. A

二、判断题

81. √	82. √	83. √	84. ×	85. ×	86. ×	87. √	88. √
89. ×	90. √	91. √	92. √	93. ×	94. ×	95. √	96. ×
97. ×	98. ×	99. ×	100. √				

初级保育员理论知识考试模拟试卷参考答案（四）

一、单项选择题

1. B	2. B	3. A	4. B	5. A	6. B	7. B	8. A
9. A	10. D	11. B	12. A	13. B	14. D	15. D	16. B
17. D	18. C	19. A	20. A	21. B	22. B	23. C	24. A
25. B	26. C	27. C	28. A	29. C	30. C	31. C	32. A
33. D	34. B	35. B	36. D	37. A	38. C	39. D	40. B
41. A	42. D	43. B	44. A	45. D	46. C	47. C	48. C
49. A	50. D	51. A	52. B	53. B	54. D	55. C	56. D
57. D	58. B	59. B	60. A	61. C	62. D	63. C	64. A
65. B	66. B	67. D	68. C	69. C	70. C	71. B	72. B
73. D	74. C	75. A	76. C	77. A	78. D	79. A	80. A

二、判断题

81. ×	82. √	83. ×	84. √	85. √	86. ×	87. ×	88. √
89. √	90. √	91. ×	92. √	93. √	94. ×	95. √	96. √
97. √	98. √	99. ×	100. ×				

第四部分

理论知识速记卡片

理论知识速记卡片使用说明

1. 请考生在拿到本书后，将速记卡片剪下，并按要求装订好，以备随时可以查看。

2. 每张速记卡下留有空白，可供考生记录相关信息。

3. 请注意记忆的反复性，多次记忆有助于加强记忆印象，并能对其他内容有更加深刻的理解。

1. 关节的特点

　　婴幼儿关节附近的韧带较松，关节窝较浅，在过度牵拉的情况下，容易脱臼。婴幼儿较为常见的脱臼是肘关节半脱臼，即"牵拉肘"。

2. 婴幼儿皮肤的保育

　　①冬季防冻疮，夏季防中暑。冬季婴幼儿户外活动，应穿便于活动的棉背心，戴帽子，鞋要温暖，大小适宜。②增强婴幼儿对冷热变化的适应能力。③培养婴幼儿用冷水洗手、洗脸的习惯。

3. 婴幼儿视力的特点

　　①5岁前可能有生理性远视。婴幼儿眼球比较小，前后距离较短，物体成像在视网膜的后面，称为生理性远视，5岁后视力逐渐转为正常。②晶状体有较好的弹性。婴幼儿晶状体弹性好，既能看清眼前的物体，也能看清较远的物体。如果看书、写字距书本过近，会使眼球处于疲劳状态，长此以往，形成近视眼。

4. 近视的预防

　　培养幼儿良好的用眼习惯，要求幼儿不在过暗处和阳光下看书、乘车、行走、躺在床上不看书，每次看书、看电视、玩游戏机的时间不应过长；看书、写字时，眼睛距书本的距离应保持1尺（约33厘米）；集中用眼一段时间后，应望远、看绿色等，使眼睛消除疲劳。

5. 婴幼儿补铁的方法

　　尽量提高膳食的质量，多为婴幼儿提供动物肝脏、动物血、瘦肉、豆类等含铁丰富的食物。

6. 维生素D的来源

　　维生素D的作用是帮助钙沉积在骨骼上。如果只吃钙而不同时摄取维生素D，钙将无法吸收；晒太阳是获得维生素D最简便有效的途径。在动物肝脏、蛋、乳类食物中含有极少量的维生素D；人体摄取维生素D过多，可引起中毒。

7. 蛔虫病的预防措施

①培养幼儿良好的卫生习惯，尤其饭前便后一定要用肥皂洗手，并要勤剪指甲。生吃瓜果要洗净，不喝生水。教育幼儿不要捡地上的东西吃，不吮手指，不随地大小便。②幼儿园要改善环境卫生，讲究饮食卫生。③积极治疗蛔虫病，减少虫卵传播的机会。幼儿园每年9月、10月集体驱虫，使用的药物有驱蛔灵、驱虫净等。

8. 幼儿心理发展的一般特点

①认识活动以具体形象性为主要特征。②心理活动及行为的无意性占优势。③幼儿的情绪外露、易变、不稳定。④幼儿的个性开始初具雏形。

9. 幼儿想象的特点

无意想象为主，有意想象开始发展，其中包括三点：①想象的主题不确定。②有意想象开始发展。③想象受兴趣的影响。凡是感兴趣的事情幼儿都会情绪高涨，同时也能引起幼儿的想象。

10. 一日生活作息制度的有关要求

我国《幼儿园工作规程》第十三条规定：幼儿园应制定合理的幼儿一日生活作息制度。两餐间隔时间不得少于三小时半。幼儿户外活动时间在正常情况下，每天不得少于两小时，寄宿制幼儿园不得少于三小时，高寒、高温地区可酌情增减。

11. 我国学前教育的任务

《幼儿园工作规程》的第三条明确指出，我国幼儿园的任务是：实行保育与教育相结合的原则，对幼儿实施体、智、德、美全面发展的教育。促进其身心和谐发展，同时为幼儿家长安心参加社会主义建设提供便利条件。幼儿园的双重任务，是我国学前教育机构的一大特色。

12. 幼儿园体格锻炼制度

我国《托儿所幼儿工作保健制度》中规定：幼儿园要有组织地经常开展适合婴幼儿特点的游戏及体育活动，尤其要重视一岁半以下婴幼儿的体格锻炼，给婴儿每天做1~2次被动操和主被动操，幼儿做1~2次体操或活动性游戏。

13. 活动室寝室扫除的注意事项

　　幼儿园应采用湿性扫除的方法，防止尘土飞扬。擦地应使用半干的墩布，防止地面有水迹。

14. 幼儿园常用的通风方式

　　通风的方式有两种，分别是自然通风和人工通风。自然通风是调节微小气候的主要办法；采用自然通风时室温仍达到30℃以上，应采用人工通风的辅助设备，如电风扇、排风扇、空调等。

15. 水杯的消毒方法

　　①用百洁布擦拭杯口杯内（蘸去污粉或洗涤灵），用小刷子刷洗杯子把手。②用流动水冲干净。③用0.5%的洗消净或84消毒液浸泡5～10分钟（煮沸15～30分钟，蒸汽10～15分钟），用流动水冲洗干净。

16. 幼儿园日常消毒方法

　　幼儿园日常消毒的方法有煮沸法、蒸汽法、日晒法、药品消毒法。药品消毒法是使用安全的化学剂进行消毒。

　　常用的化学制剂有以下几种：煤酚皂溶液、石灰、漂白粉、氯亚明、过氧乙酸、新洁尔灭等。

17. 蒸汽消毒的使用方法

　　蒸汽消毒法是将各种耐热物品放入蒸汽消毒柜，蒸40分钟，灭菌效果极佳。但在消毒前，应先清洗要消毒的物品，然后再进行蒸汽消毒。

18. 配合配制消毒液的程序

　　①按照保健医生的要求，准备水盆、水桶及量杯。②根据配制比例或要求，配制所需要的消毒液。根据比例，用水盆或水桶中准备相应份数的水，并用量杯将一份药液倒入其中。③将消毒液搅拌均匀。④按照保健医生的要求，将配好的消毒药液放在婴幼儿够不到的地方。

19. 整托园晨检的程序
①协助进行晨检。②晨检时拉开窗帘。③晨检时唤醒依然在睡眠中的幼儿。④晨检时提醒已醒的幼儿如厕。⑤冬季晨检是应将压风被叠好，并放入柜子。

20. 药品登记的内容
药品登记的内容主要包括：姓名、病名、药名、服用时间、药量。

21. 分发餐具的注意事项
①在幼儿分发餐具的过程中，若餐具落地，应立即更换。②分发餐具的时间应在餐前20～30分钟左右，不可过早，避免污染。

22. 盛饭的顺序
①按照幼儿的平均摄食量，发给每个幼儿同等量的主食。②分发汤菜前，用菜勺搅拌各种菜肴及汤，使之混合均匀。③均匀、齐全地为婴幼儿盛入各种配菜，尽量避免单一摄食。

23. 室内教育活动后的收拾整理工作
活动后保育员应及时把婴幼儿活动中的作品及其他有保留价值的物品及时进行归类、整理，标上日期收到档案盒中，以便日后查阅。

24. 纠正婴幼儿不良姿势的工作程序
①在各项活动和日常活动中认真观察婴幼儿的表现，及时发现并纠正不良的姿势。②针对幼儿姿势的不同情况，采取集体提醒、个别辅导的方式纠正婴幼儿不良姿势。③在平时生活中，保育员应注意观察婴幼儿的行为表现，当婴幼儿能坚持正确的姿势时，保育员要及时给予表扬和鼓励，使之形成习惯。

25. 纠正婴幼儿不良姿势的步骤

①当婴幼儿做出不良姿势时，应该告诉他们正确的姿势是什么样的，并做出正确的示范。②把正确姿势的完成过程和步骤讲清楚，这需与示范动作结合在一起进行。③让婴幼儿按照保育员的正确姿势去做。④平时生活中，保育员应注意观察婴幼儿的行为表现，提醒婴幼儿保持正确的姿势。

26. 创造性游戏的概念与种类

按游戏中创造性的程度分类，可以把游戏分成创造性游戏和有规则游戏两大类。创造性游戏是指儿童主动地、创造性地反映生活的游戏，包括角色游戏、结构游戏、表演游戏。

27. 有规则游戏的概念与种类

有规则游戏是指在游戏中有明确规则的游戏，主要分为：音乐游戏、智力游戏、体育游戏。

28. 婴幼儿生活活动的组织与指导

我国幼儿园婴幼儿生活活动的组织与指导的主要内容是：①起床；②晨（午、晚）检；③晨练；④早（午、晚）餐（点）；⑤睡眠；⑥喝水、盥洗及如厕；⑦转换环节。

29. 户外活动场所的安全

由于幼儿的运动机能不够完善，动作的协调能力不强，平衡性较差，动作的反应较迟缓，再加上幼儿所处环境的安全隐患，所以，一般来说户外活动是儿童意外伤的高发时段，户外活动场地是儿童损伤的高发地点。因此，加强活动场所的安全，努力防止意外伤害发生，是幼儿园安全工作的一项重要内容。

30. 活动室的通风形式

通风是指室内空气与室外空气的流通。通过空气流动，引进室外的新鲜空气，排出室内因呼吸等原因的污浊空气，使空气新鲜。活动室通风的形式主要有两种：一是自然通风，这是自然通风的主要形式，即利用自然风力、气流的通风形式；另一种是人工通风，是指利用电风扇等电器进行通风的方法。

31. 选购玩具时的注意事项

幼儿园玩具的基本要求是：无毒、安全、牢固、耐玩、易于清洁和消毒，对婴幼儿身心发展能起到良好的促进作用。选购玩具时应注意：①制作玩具的材料以及玩具表面的涂料是否含有毒性。②玩具的安全性。③玩具材料的易保洁性和易消毒性。④避免选购对婴幼儿的身心有不良影响的玩具。

32. 婴幼儿神经系统的特点

婴幼儿神经系统的特点主要有以下三点：①婴幼儿大脑皮层易兴奋，不易抑制。②婴幼儿大脑皮层容易疲劳。③婴幼儿睡眠时间较长。

33. 视敏度的概念

视敏度是指视觉敏锐的程度，是指幼儿分辨细小物体或远距离物体细微部分的能力，也就是人们通常所说的视力。

34. 思维的特点

思维是人脑对客观事物间接的概括的反映。它是在感知、记忆等过程的基础上发生的，是高级认识过程。它有两个突出的特点：①思维是间接的反映。②思维是概括的反映。

35. 幼儿园图书的消毒方法

日晒法，即紫外线消毒灭菌。将图书在阳光下暴晒3~6小时，可将多数微生物杀灭，同时也可以杀死大部分书蛀虫。但要注意，图书在暴晒时要经常翻动。

36. 分发饭菜的原则

我国幼儿园分发饭菜的原则是公平对待，少盛多添。饭菜分别放在碗和盘中，先盛饭菜，吃完后再盛汤。

37. 水杯的摆放及毛巾挂放

将婴幼儿的水杯摆放整齐,将毛巾挂放整齐,毛巾挂放应不重叠。

38. 冬季穿脱衣服的顺序

在寒冷的冬季,婴幼儿穿衣时应尽量减少胸部暴露在外的时间,以免受凉。要告诉婴幼儿,穿衣服时应先将毛衣或棉衣穿上,再穿袜子、裤子等。脱衣服时应最后脱毛衣或棉衣。

39. 保育员管理物品的基本要求

保育员应做到每件物品来路明,销路清,不丢失。

40. 幼儿园语言活动常用的设备和材料

各种图书、照片、图片,以及故事磁带、电视录像等。

41. 冷敷法

冷敷法是将小毛巾折叠数层,放在冷水中浸泡,拧成半干,敷在前额或腋下等处,一般5～10分钟换一次。也可将小毛巾放在腋窝、肘窝、腹股沟等处;还可以用热水袋灌进冰块或凉水,用毛巾包好,作为冰头枕在头后。

42. 脊柱的保育

脊柱的保育方法是培养婴幼儿良好的体姿,婴幼儿的生活用品应该符合健康的要求,婴幼儿不应睡软床,婴幼儿负重不得超过体重的1/10,婴幼儿应背双肩带的书包等。

43. 婴幼儿胃的保育

保育员应提醒幼儿吃东西时细嚼慢咽，不给幼儿吃汤泡饭，应避免幼儿饭前大量饮水，并控制其甜味饮料的饮用量。

44. 幼儿记忆的特点

①无意记忆占优势。②形象记忆效果好。③记忆的精确性差。④记得快，忘得快。

45. 直觉行动思维

直觉行动思维是在对客体的感知中，在自己与客体的相互作用中进行的思维，3岁前的幼儿思维主要是直觉行动思维，这种思维比较低级，跟自身的动作和物体的直接感知紧密联系着，实际是"手和眼的思维"。

46. 幼儿的基本情绪

幼儿基本情绪是幼儿经常表现出来的情绪，包括愉快的情绪和痛苦的情绪。愉快的情绪主要有快乐、兴趣和依恋，痛苦的情绪包括愤怒和恐惧。

47. 幼小衔接工作的意义和任务

在我国，幼儿园与小学分属两个不同的学段，既有各自独特的教育任务，又有非常密切的联系。我国的衔接任务是：使幼儿能尽快地适应新的生活和为儿童的终身发展服务。

48. 桌椅、门把手的消毒方法

一般来说每天用 0.5% 的洗消净或 84 消毒液，擦拭 2~3 遍，滞留 10 分钟。

49. 床单被褥的消毒方法

一般来说幼儿园对被褥的消毒方法是：每两周换洗床单、枕巾一次，日托每月一次。被褥每月晒一次，拆洗被套一次。确保床单被褥的清洁。

50. 石灰的使用方法

一般情况下对粪便的消毒可用10%～20%石灰乳剂对肠道传染病病人的粪便进行消毒。1份粪便加2份石灰乳，消毒4小时，即可达到消毒的目的。

51. 佝偻病的预防措施

婴幼儿佝偻病的预防措施主要有以下四点：①预防先天性佝偻病。孕妇应多吃含钙丰富的食物，多晒太阳。②提倡母乳喂养，及时添加辅食。③多晒太阳。④北方秋冬季出生的婴儿满月后可适量服用鱼肝油或维生素D制剂，用量应遵医嘱，不可过量。

52. 每日小扫的工作程序

保育员每日应擦拭的顺序是：窗棱、窗台、门框、玩具柜、玩具角设施、桌椅、窗栏杆，然后擦地和摆放桌椅。

53. 大扫除的工作顺序

擦灯；擦窗玻璃、窗棱、窗台；擦门；擦玩具柜、游戏角的设施及书架等；擦床栏杆；擦桌椅。

54. 开窗通风的时间

一般冬季开窗的时间应为10～15分钟，而且至少每半日通风一次，或始终小开一扇窗子。夏季一般执行全天通风的制度，在使用空调的房间里应保持每半日通风一次，每次10～15分钟。在呼吸道传染病易发时期，应加强通风次数和通风时间。

55. 开窗通风的重要性

①保持空气新鲜，满足婴幼儿对氧气的需求，生活的空间环境清新无菌、无异味。②降低空气中致病细菌的浓度，新鲜空气对致病微生物有一定的杀伤作用。③婴幼儿正处于生长发育最旺盛的时期，大脑对氧气的需要量很大，缺氧会对大脑的发育产生严重的影响。因此，重视婴幼儿生活空间的空气质量是十分必要的。

56. 帮助幼儿服药的方法

①核对药名与患儿的姓名及服药剂量。

②根据服药记录准备药物。液体药物应用量杯服用，中药丸应捏成小球状服用。

③准备服药用的白开水。

④和蔼地劝说婴幼儿吃药，对于较小的婴儿，保育员应采用正确的方法喂药。

⑤服药后的婴幼儿应安静片刻，避免吃药后马上剧烈活动。

⑥做好服药记录。

57. 饮水桶的清洗内容

①倒掉前一天的剩水。

②每天用洗涤剂、定期用消毒剂清洗和消毒饮水桶，做到里外都洗净。

③用清水将水桶的里外漂洗干净。

④每天用消毒剂擦拭水龙头和出水口，保证饮水桶清洁、无死角。

58. 准备饮用水的注意事项

①开水不进教室。

②婴幼儿喝水前应先空放一两杯饮水，并舍弃。

③保育员应注意补充饮水时的安全，避免碰撞、绊倒或烫伤婴幼儿。

59. 小幼儿身体清洁的程序

①保育员先将自己的手清洗干净。

②用湿毛巾或清水，将婴幼儿的手、脸、脚或臀部打湿。

③将肥皂抹在保育员的手上，搓出泡沫。

④用肥皂手清洗婴幼儿的手、脸、脚或臀部。

⑤用清洁的、湿度大的毛巾将肥皂泡沫擦干净，漂洗毛巾，重复擦若干次，直至彻底洗净。

60. 婴幼儿盥洗的注意事项

①帮助婴幼儿洗手，应先将保育员的袖子挽起，避免洗湿衣袖。

②洗脸时应让婴幼儿闭眼，避免肥皂入眼。

③为婴幼儿清洗身体应注意清洗全面，在身体褶皱处不留死角。

④清洗臀部应注意从前向后擦洗，并避免洗湿裤子。

⑤清洗完毕，应帮助婴幼儿穿好衣裤和鞋袜。

61. 婴幼儿洗手的指导内容

要求婴幼儿双手略向下，避免弄湿衣袖。①轻轻拧开水龙头，水不能太大。②将手心、手背、手腕浸湿，然后搓肥皂，搓出泡沫，使手心、手背、手指缝都被肥皂洗到。③用清水将手冲洗干净，关好水龙头。④用毛巾擦干手，冬天洗手后应擦油。同时，告诉婴幼儿认真洗手，不玩水，不敷衍。

62. 穿脱袜子的指导程序

①分辨袜子的不同部位。

②手持袜筒，袜底放在下面，袜尖朝前。

③两手将袜筒推叠到袜后跟，再往脚上穿，先穿脚尖，再穿脚跟，最后提袜筒。

63. 穿脱鞋的指导方法

①分辨左、右鞋，并将左鞋和右鞋放正。

②两脚分别穿上鞋，用手提鞋跟。

③系鞋扣或鞋带。

64. 叠被的指导方法

①幼儿站在床侧。

②折长边：将被子靠近自己的一端向中间折，再折另一端。折好的被子宽度应与床栏杆或画出的记号相一致。

③折两端：将折好的长条形被子的两端向中间对折，然后，再对折，叠出豆腐块形的被子。

65. 活动室和寝室清洁窗户的方法

①清扫纱窗：使之无灰尘。

②用干净的、半潮湿的抹布擦拭玻璃，使之无尘土、无擦痕。

③擦拭窗棱、窗台，若暖气暴露在外，还要擦拭暖气管和暖气片。

66. 腹泻的护理方法

①腹部保暖，每便后用温水洗臀部。

②已有脱水，应立即送医院治疗。无脱水，可服"口服补液盐"，根据袋上说明，倒适量凉开水搅匀，每隔5分钟喝一勺。

③腹泻的病儿不必禁食。吃母乳的婴儿，可继续喂母乳。已加固体食物，可根据病前的饮食情况，确定食物的种类和量，但制作宜软、碎、烂，少食多餐。

67. 保育员在幼儿户外活动时的工作
　　①协助教师为幼儿做好场地、运动器具等准备工作。
　　②协助老师为幼儿做好户外活动前的必要准备，如如厕、增减衣服、整理装束、系好鞋带等。
　　③照顾因身体不适不能参加活动的幼儿。
　　④协助教师在户外活动时对幼儿的照料。

68. 乳牙的作用
　　①咀嚼食物，帮助消化。
　　②促进颌骨的发育。
　　③有助于准确发音。
　　④诱导恒牙的萌出。

69. 培养幼儿良好的饮食习惯
　　①饮食定时。
　　②饮食定量。
　　③专心吃饭。
　　④不偏食。
　　⑤不剩饭、不洒饭。

70. 乳牙的保育
　　①乳儿时期，用奶瓶喂奶喂水，奶头不上翘、下压，不让乳儿抱着奶瓶吃奶，母亲喂奶时，应把孩子抱起来，取坐位。
　　②换牙期间，若出现"双排牙"，要及时拔掉滞留的乳牙。恒牙萌出后，禁止用舌头舔新牙。
　　③改掉"吃手""咬指甲""托腮"等坏毛病。
　　④培养婴幼儿双侧牙齿轮流咀嚼的习惯。

71. 晨检的一般方法
　　一看　看脸色、看皮肤、看眼神、看咽喉。
　　二摸　摸摸是否发烧、摸腮腺是否肿大。
　　三问　问幼儿在家吃饭情况、睡眠是否正常、大小便有无异常。
　　四查　查是否携带不安全物品。

72. 乳牙的生长
　　乳牙共20颗，出牙时间一般为6～8个月，4～10个月出第一颗牙，均属正常。从6～7岁开始，乳牙松动，先后脱落，逐渐换上恒牙。13岁左右换牙完毕，共28～32颗。

73. 盥洗室的卫生准备工作

将擦拭不同位置的抹布和墩布、水桶、清洁盆、去污粉、漂白粉或其他消毒剂准备好。

74. 鼻出血的处理

让幼儿仰卧或仰头在头和鼻部做冷敷。在两侧鼻翼上稍施加压力，也可用脱脂卫生棉卷成条状向鼻腔充填，如能在棉卷上蘸肾上腺素溶液效果会更好。

75. 拖地的基本要求

①先把家具和物品下面的地面擦净，然后再擦其他位置的地面。

②拖地时要压住墩布，从左向右横拖，到两头时不要抬起墩布，可将墩布用力一转，把脏物带走。

③人要从房间的里面向门口倒退着拖地，以防自己把地踩脏。

④不断洗涮墩布，以保持墩布的清洁。

76. 活动室扫除规则

①每月至少擦两次窗户、墙壁、家具、灯具，每天至少擦一次窗台、玩具柜、游戏角等。地面、桌面每日扫除，还应若干次地擦拭；睡眠前后擦拭寝室；游戏、学习、进餐前后擦拭桌面。

②按上下、左右、里外顺序擦拭，消除死角。

③地面干净，无污物、尘土、多余物品。

④窗明几净，家具用品清洁、无尘、无擦痕。

77. 保育员的职责

①负责本班房舍、设备、环境的清洁卫生工作。

②在教师指导下管理幼儿生活并配合本班教师组织教育活动。

③在医务人员和本班教师指导下严格执行幼儿园安全、卫生保健制度。

④妥善保管幼儿衣物和本班的设备、用具。

78. 扫地的基本要求

①按由里向外顺序清扫。

②可用湿的扫帚扫木板地或瓷砖地，用湿扫帚、潮湿且干净的沙子或锯末清扫水泥地，用干的扫帚扫砖瓦地。

③扫地时一定将扫帚压住，以免尘土飞扬。

79. 活动室寝室擦拭家具的方法

①擦拭所有的家具，包括桌椅、柜子、书架、玩具架及游戏角等。

②从上到下，面、边棱、腿、各拐角等都要擦到，使之无灰尘、无积土。

③婴幼儿的桌子用消毒液擦拭后，再用清水擦拭 2～3 遍。

80. 游戏对学前儿童发展的意义

①游戏是儿童身体发展的需要。

②游戏给儿童带来积极愉快的情绪。

③游戏满足儿童交往的需要。

④游戏满足幼儿好奇、好重复、好探索活动的愿望。

81. 保育员在幼儿游戏时的工作有

①游戏前配合教师准备游戏场地和玩具材料。

②保持游戏环境的安全与卫生。

③教师组织集体游戏时照顾个别幼儿参加游戏活动。

④配合教师在游戏中观察幼儿，并有针对性地给以帮助和教育。

82. 盥洗室香皂的准备

将香皂放入皂盒内，或放入一个小网兜内。应做到每个水龙头下都要有一块香皂。

83. 打扫寝室卫生的操作

①寝室的擦拭应按照窗帘、窗台、灯、墙、柜、床的顺序擦拭，每日擦拭窗台、柜、床。

②床的擦拭应按照从上到下的顺序进行，床头、床栏杆、床框、床腿等处都要擦到，做到无灰尘。

③寝室的窗帘应每月洗一次。

84. 盥洗室的卫生工作顺序

①开窗通风，清理污物，冲洗便池、水池，清洁框、墙壁、灯、镜子及柜子，清洁地面。

②摆放经消毒的杯子，一人一杯。

③换上洗净消毒后的毛巾，一人一巾。

④备卫生纸。

⑤备香皂。

85. 摆放水杯与挂放毛巾的方法

将婴幼儿的水杯摆放好，将毛巾挂放整齐。

86. 盥洗室卫生的工作标准

①清洁、通风。

②水池的下水处无头发、污物，地面无积水、无污渍，室内无垃圾堆放。

③门窗、镜框、灯、柜，清洁干净。

④便池、马桶及时冲洗，无尿碱、无臭味、无蚊蝇。

87. 幼儿的需要

①生理的需要。

②安全的需要。

③认识的需要。

④尊重的需要。

⑤自我实现的需要。

88. 便池的清洁方法

①冲便池。

②用漂白粉乳剂浸泡、刷洗便池。在池底、拐角、下水管道口 10 厘米等处应重点擦拭，做到无尿碱、无臭味。

89. 盥洗室水池的清洁方法

用去污粉（洗衣粉、洗涤剂）擦拭水池，将水池中的油污、水渍、污物彻底清除掉，做到池子光滑、清洁（无头发、饭粒、菜渣等污物），无异味。

90. 盥洗室地面的清洁方法

①扫净地面（暖气下、墙角、柜子底下、纸篓都应清扫干净）。

②用前一天准备的半干的墩布擦地 2～3 遍，直至地面无积水、无污渍、无死角，透亮为止。